Wohlfühlen mit Ayurveda

Christa G. Traczinski

Wohlfühlen mit Ayurveda

Entgiftung · Entschlackung · Nervenstärkung

Voltmedia

ISBN 978-3-86763-705-3

Einbandgestaltung: Oliver Wirth, Paderborn
Gesamtherstellung: Druckhaus Locher, Köln
http://www.voltmedia.de

Inhaltsverzeichnis

Vorwort

Meine erste Begegnung mit dem Ayurveda liegt nun schon mehrere Jahre zurück. Damals war ich in Kerala und Sri Lanka auf die traditionsreiche „Lehre vom Leben“ gestoßen. Das fernöstliche Gesundheitskonzept faszinierte mich – und so nahm ich viele Anregungen für einen gesünderen Lebensstil mit nach Hause.

Zurück in Berlin merkte ich, dass ich nach einer längeren Phase beruflicher und privater Anstrengungen dringend Regeneration brauchte. Also hörte ich mich nach deutschen Ayurveda-Angeboten um. Tatsächlich wurde ich schnell fündig: Im schönen Moseltal bei Traben-Trarbach gab es eine wahre Oase dieser einmaligen, ganzheitlichen Therapieform! Das „Parkschlösschen“ in Bad Wildstein präsentierte sich als romantische Jugendstilvilla inmitten eines großen Parks mit altem Baumbestand, einer eigenen Bergquelle und einem sprudelnden Bach. Dies war genau der richtige Ort, um Kraft zu tanken und zu relaxen!

Im „Parkschlösschen“ wird das klassische Ayurveda-Konzept – zugeschnitten auf westliche Bedürfnisse – mit höchstem Qualitätsanspruch umgesetzt. Das ganze Haus ist Therapie! Die breite Palette an inneren Reinigungs- und Fastenprogrammen kombiniert mit verwöhnenden Sesamöl-Massagen, die gesunde Ernährung mit frischen Kräutern und exotischen Gewürzen, die klare Luft, die entspannenden Yoga-Stunden, die informativen Vorträge von Experten, die unvergleichliche Atmosphäre und vor allem die exzellente ärztliche Betreuung durch geschulte Spezialisten und den medizinischen Leiter des Hauses, Dr. Dietrich Wachsmuth, dies alles brachte mir innerhalb kurzer Zeit einen unerwarteten Energieschub und ein fantastisches Hochgefühl. Selbst meine chronischen Nasennebenhöhlen-Probleme waren nach einer Nasya-Behandlung mit ätherischen Ölen verflogen.

Als ich schließlich diesen zauberhaften Ort der Stille verließ, um mich wieder meinem täglichen Leben zu stellen, fühlte ich mich leichter, innerlich beschwingt und irgendwie losgelöst: Ich schwebte förmlich, meine Haut und mein Gesicht wirkten klarer und erfrischt, meine körperliche Fitness war ausgezeichnet und eine ungeheure Gelassenheit hatte sich in mir ausgebreitet. Ich spürte, dass ich jetzt alle anstehenden Aufgaben aktiv angehen und mein gesamtes persönliches Potenzial ausschöpfen konnte.

Dieses Erlebnis absoluten Wohlbefindens war so beeindruckend, dass ich bald darauf begann, mich intensiv mit den theoretischen Grundlagen des Ayurveda auseinanderzusetzen. Mich interessierte vor allem, wie sich das altindische Konzept sinnvoll in den Alltag unserer modernen westlichen Kultur integrieren ließ. In den folgenden Jahren sprach ich mit vielen Ayurveda-Praktizierenden und lernte deren therapeutische Impulse kennen.

Als ich schließlich erfuhr, dass der medizinische Leiter mit einem Team von Spezialisten im „Parkschlösschen" einen innovativen ayurvedischen Ansatz zur „Bewahrung des Alters" – Vaya Sthapan genannt – erarbeitet hatte, packte ich kurz entschlossen meine Sachen, um die Experten vor Ort zu interviewen und die speziellen Behandlungen auszuprobieren. Die differenzierten diagnostischen Methoden, meine persönlichen Erfahrungen mit dem Programm und dessen tief greifende Effekte auf Körper, Geist und Seele lange über die Kurzeit hinaus begeisterten und überzeugten mich. Ich beschloss, darüber zu schreiben.

Mit dem vorliegenden Buch möchte ich Sie zu einem gesünderen Lebensstil inspirieren und Ihnen praktische Wohlfühl-Tipps für Ihren Alltag geben. Lassen Sie sich einfach mit allen Sinnen auf die heilsamen, verjüngenden Lehren und Anwendungen des Ayurveda ein!

Dabei viel Vergnügen wünscht Ihnen von ganzem Herzen

Ihre Christa G. Traczinski

Einführung

Ayurveda – Alle Sinne öffnen und sich verwöhnen

Ayurveda, die fast 4000 Jahre alte indische Gesundheitslehre, kennt viele Mittel und Wege, uns neue Kraft, Vitalität und Lebensfreude zu schenken. Mit entspannenden Praktiken wie Yoga und bewusster Atemtechnik, mit vielen Tipps für eine gesunde Lebensführung, mit Ernährungsideen, die auf den persönlichen „Konstitutionstyp" abgestimmt sind, mit exotischen Gewürzen und tief wirksamen warmen Ölbehandlungen (z. B. mit Sesam-, Johanniskraut- oder Wildrosenöl), mit Musik und duftenden Aromen werden alle Sinne angesprochen – und Alltagsstress sowie seelische Belastungen wirksam ausgeglichen.

Das warme Pflanzenöl dient im Ayurveda dem Genießen, der Massage und dem Ausleiten von Giftstoffen. Es rinnt sanft über den Rücken oder ergießt sich als Strahl auf die Stirn- und Kopfregion: Der ganze Körper wird so gesalbt, verwöhnt, gehegt und gepflegt, wodurch sich die inneren Energiekanäle nachhaltig öffnen und Regenerations- und Heilprozesse in Gang kommen können.

Ein wichtiger Bestandteil der Therapie sind die Berührungen: Zarte Hände sprechen liebevoll zum Körper und sensible Massagetechniken öffnen leise die Tür zu den Geheimnissen unserer Seele. Wir dürfen Kraft empfangen, fühlen uns losgelöst und kommen in einen Zustand inneren Friedens. Schon bald können wir mit jeder Faser unseres Körpers Gesundheit und Erneuerung erleben und uns aus dem Zentrum unseres Selbst, ganz aus eigener Kraft, regenerieren!

Wie stimmt man sich auf die Ayurveda-Anwendungen ein?

Nehmen Sie sich jeden Tag ein wenig Zeit, Ihrem Bedürfnis nach tiefer Entspannung nachzugeben, damit sich das eigene Selbst entfalten kann und Sie die Fülle des Lebens bewusster wahrnehmen. Tauchen Sie in die Erlebniswelt der Sinne ein und schenken Sie sich alles, wonach Sie sich sehnen. Körper, Geist und Seele werden es Ihnen danken. Pflegen Sie Ihre innere und äußere Schönheit, reinigen Sie Ihren Organismus von Umwelt- und Nahrungsgiften und tanken Sie auf diese Weise neue Energie!

Wichtig für alle ayurvedischen Anwendungen ist ein positives Umfeld. Lüften Sie Ihren persönlichen Ayurveda-Ort und sorgen Sie für eine angenehm warme Temperatur. Legen Sie alle Kleidungsstücke ab, lassen Sie Ihre Haut endlich einmal „aufatmen". In unseren Breitengraden ist der Körper fast immer vollständig bedeckt, kein Wunder, dass wir dadurch das feine Gespür der Haut, unseres größten Sinnesorgans, verlieren oder zumindest doch stark einschränken.

Zu einer individuellen Wohlfühl-Atmosphäre gehört auch die Gestaltung der Wohnung. Überprüfen Sie hin und wieder kritisch, was Sie wirklich nicht mehr benötigen oder wovon Sie sich eigentlich schon lange trennen wollten – ganz nach dem Motto „weniger ist mehr". Dieses Zen-Prinzip eines klaren, einfachen Lebens und die Ideale von Ordnung und Harmonie des Feng Shui machen Schluss mit Unnötigem und Belastendem in unserer Umgebung. Und so entsteht auf einmal Platz für unsere vergessenen, aber oftmals wesentlichen Lebensinhalte. In schnörkellosen Strukturen und übersichtlichen, luftig-leicht wirkenden Räumen können sich Energieblockaden schneller lösen: Die „Präsenz der Leere" fördert die Gedankenfreiheit und lässt emotionale Impulse und neue Pläne wachsen!

Auch prächtige Blumen und ästhetische Dekorationselemente sollten in Ihrem

Zuhause nicht fehlen. Beduften Sie die Zimmer mit beruhigenden oder anregenden natürlichen Aromen wie Weihrauch, Sandelholz, Jasmin, Mandarine oder Ylang-Ylang. Schaffen Sie sich Ihre eigene Wellness-Oase mit sanften Lichtquellen, Kerzen, eventuell auch mit Kristallen und Räucherwerk. So stimmen Sie sich auf neue Erfahrungen und den Einklang von Körper, Geist und Seele ein.

Lösen Sie sich vom Stress des Tages. Atmen Sie tief und bewusst ein und aus – spüren Sie dabei dem inneren Atemstrom nach und lassen Sie den Sauer-

stoff in alle Körperregionen fließen. Denken Sie an die wunderbaren Austauschprozesse in den Zellen, an die Versorgung Ihres gesamten Organismus mit frischer Energie! Dadurch machen Sie sich bereit für die wohltuenden Wirkungen der ayurvedischen Massagen und Anwendungen.

Nehmen Sie vor Beginn Ihres Ayurveda-Programms eine heiße Dusche und reinigen Sie sich, denn schon dabei umhüllen Sie sich mit einer Aura von Licht und positiver Strahlung. Suchen Sie sich ein schönes, behagliches Plätzchen für Ihre Behandlungen. Stellen Sie in jedem Fall sicher, dass Sie nicht gestört werden. Wenn Sie möchten, können Sie eine Freundin oder auch Ihren Partner einbeziehen, zum Beispiel indem Sie sich gegenseitig massieren.

Legen Sie alles zurecht, was Sie für Ihr Ritual des Entspannens und Genießens

benötigen: Handtücher, Öle, Schalen, eine kuschelige Decke, Baumwolltücher oder Bettlaken, Musik etc. Mischen und erwärmen Sie vor dem Massieren Ihre Lieblingsöle. Dabei sind geringe Zugaben von schwarzem Pfeffer zur Durchblutungsförderung (Vorsicht, nicht auf die Schleimhäute geraten lassen!) und ätherische Duftöle wie Tuberose (Nachthyazinthe), Zimt oder Lavendel besonders angenehm.

Zunächst reibt man das Öl ganz sanft in die Haut ein, dann folgen abwechselnd tiefkreisende und verbindende Streichbewegungen. Im klassischen Ayurveda wird diese Behandlung von zwei gut aufeinander eingespielten Therapeuten gleichzeitig durchgeführt. Wie eine seidige Schutzschicht umhüllt die zwei- oder vierhändige Massage den Körper, berührt das Herz und entführt den Geist in Welten fernab vom Alltagsgeschehen. Stress verfliegt, das Ich zentriert sich und einengende Begrenzungen können sich auflösen.

Sie sind jetzt ganz offen für innere und äußere Impulse und Reize. Schützen Sie sich daher unbedingt vor Unruhe durch Telefonate, Zeitdruck, anstrengende Diskussionen, Streitigkeiten und andere Störfaktoren. Genießen Sie einfach die Stille! Machen Sie es sich bequem und tun Sie nur, was Ihnen gefällt und guttut. Sie werden jetzt nicht von Dringlichkeiten gehetzt oder vom Leben beansprucht, sondern kümmern sich einzig und allein um sich selbst, um das Wesentliche: Sie lauschen den verborgenen und oftmals überhörten Signalen Ihrer Seele.

Grundlagen des Ayurveda

Die Quellen der zeitlosen Heilkunst

Der „Ayurveda“ (Sanskrit: Wissenschaft vom Leben) ist das älteste System für ganzheitliche Gesundheit und ein langes Leben. Die ayurvedischen Lehren beschäftigen sich vor allem mit der Vorbeugung von Krankheiten, der Stärkung unserer Selbstheilungskräfte und der inneren Energie. Bei uns im Westen findet Ayurveda seit einigen Jahren zunehmend Gehör und Verbreitung. Nach Auskunft der Deutschen Gesellschaft für Ayurveda nutzen hier jährlich über 500 000 Menschen das asiatische Heilwissen. Aber auch die Schulmedizin steht längst nicht mehr abseits: In ausgewählten Kliniken werden die fernöstlichen Diagnose- und Therapiemethoden statistisch erfasst und dokumentiert. Die Weltgesundheitsorganisation (WHO) unterstützt solche Evaluierungsprojekte, um die traditionelle ayurvedische Heilkunde zu erhalten und deren Weiterentwicklung zu fördern.

Die Quellen der ayurvedischen Lehre gehen zurück auf die „Veden“. Diese uralten Weisheitsschriften Indiens (erste Texte lassen sich etwa auf das 8. Jahrtausend v. Chr. datieren) befassten sich mit den großen Weltthemen wie der Philosophie, den Naturgesetzen, den Wissenschaften, der Baukunst sowie mit den verschiedenen medizinischen Disziplinen und den Heilkünsten. Die Aussagen der Veden beeinflussten den gesamten asiatischen Kulturkreis, Ägypten, Persien, das alte Griechenland, aber vor allem auch das tibetische und chinesische Gesundheitswissen. Das alte Ayurveda-System wurde teilweise reformiert und in den letzten 30 Jahren dem Westen nahegebracht. Insbesondere die Meditation ist heute als effektiver Weg zur intensiven Entspannung und Selbsterkenntnis im gesamten amerikanischen und europäischen Raum verbreitet. Die Einsichten des traditionellen Ayurveda in das Wesen der Natur und des Menschen (insbesondere auch des Nervensystems) wurden wiederentdeckt, umfassend aufgearbeitet und schließlich aktualisiert und modernisiert.

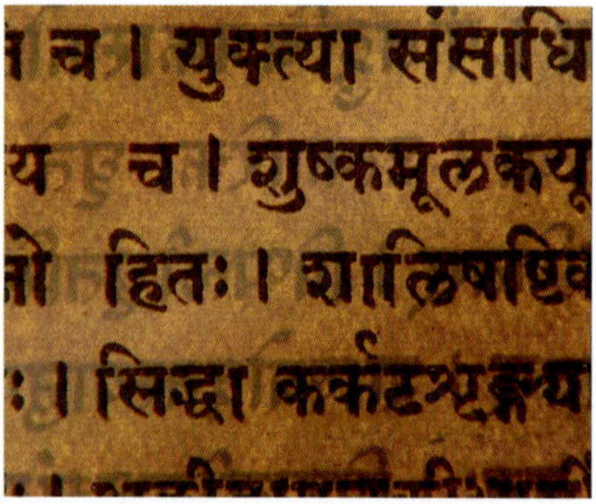

Nicht nur die Prävention und nötigenfalls die Befreiung von Krankheiten ist das Ziel des Ayurveda, sondern auch das Erreichen und Bewahren eines harmonischen Lebens voller Vitalkraft und Freude. Das innere Selbst wird als wichtigster Heiler und Ort der vollkommenen Gesundheit und des Wissens betrachtet – und somit als „Quelle des wahren Ayurveda".

Ayurveda befasst sich mit „guten und schlechten, glücklichen und unglücklichen Aspekten des Lebens, mit dem, was Leben fördert und zerstört" (aus dem Text „Charaka Samhita"). „Ayus" definiert dabei die Verbindung von Körper, Sinnesorganen, Geist und Seele – also „Leben" im weitesten Sinne. Löst sich diese Verbindung, endet das Leben. „Veda" bedeutet wörtlich übersetzt vollständiges Wissen.

Die Existenz in ihrer Gesamtheit ist also das Thema des Ayurveda – wobei im ursprünglichen Gesundheitsverständnis auch unser Verhältnis zur Welt und zum Kosmos eine Rolle spielt. Starre Regeln, autoritäre Anweisungen und fanatische medizinische oder soziale Verhaltensvorschriften wird man im Ayurveda allerdings vergeblich suchen – der Fokus liegt immer auf Harmonie, Balance und vorbeugenden Maßnahmen für ein gesundes und langes Leben.

Unsere westliche Medizin kümmert sich heute vor allem um den Zustand der Krankheit und isoliert in mechanistischer Weise einzelne Körperprozesse, statt sie als Ganzes und in ihrem interaktiven Zusammenwirken zu betrachten. Prävention und Salutogenese (Gesundheitsentstehung) im ayurvedischen

Sinne (Förderung und Erhalt des gesunden Potenzials) sind dagegen um ganzheitliche Einsicht und Aufklärung, um einen freien Fluss der Energie sowie um eine der Gesundheit zuträgliche Lebensweise bemüht. Sie beziehen vor allem auch die individuelle Konstitution des zu behandelnden Menschen in ihre Überlegungen ein – gerade dieser wichtige Aspekt wird von der Schul- und Apparatemedizin mit ihrer verallgemeinernden Diagnostik stark vernachlässigt.

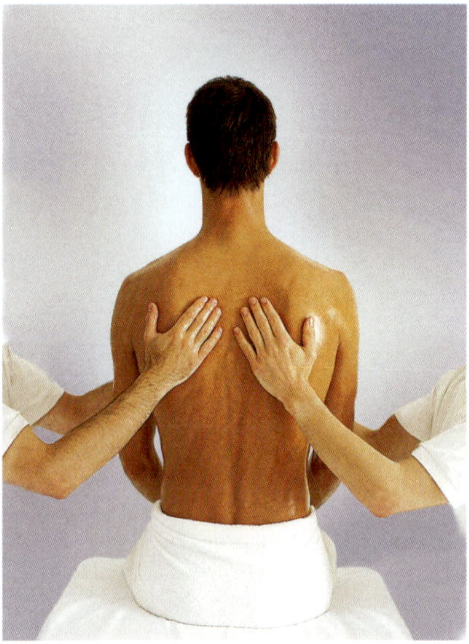

Die ayurvedischen Bausteine des Lebens

Eine wesentliche Grundlage der ayurvedischen Lehre sind die fünf Bausteine des Lebens:

- Raum (Äther)
- Luft
- Feuer
- Wasser
- Erde

Sie bilden unsere materielle Wirklichkeit und beeinflussen auch die konstitutionelle Veranlagung des Einzelnen.

Der Ayurveda betrachtet den Menschen nicht als ein Sammelsurium unabhängiger Einzelteile, sondern setzt die vollständige Einheit des Selbst voraus. Körper, Geist und Seele zusammen ergeben ein Lebewesen und sind voneinander nicht zu trennen – wobei allerdings die Seele als das „wahre Wesen" des Individuums und Ursache beziehungsweise Quelle des Bewusstseins gilt. Die Seele ist darüber hinaus verbunden mit dem universellen Bewusstsein oder der kosmischen Energie. Daher sind biologische, mentale und universelle Abläufe eng miteinander verknüpft und beeinflussen sich gegenseitig. Demzufolge werden in der ayurvedischen Diagnostik alle menschlichen Leiden grundsätzlich auch im Zusammenhang mit unserer kosmischen, weltlichen, kulturellen, sozialen und persönlichen Situation gesehen.

Da dem Ayurveda ein rein physischer Eingriff in ein Krankheitsbild nicht genug ist, beruhen die Behandlungen auf einer sehr differenzierten und umfangreichen Methodik. Die Heilverfahren zielen immer darauf ab, die Harmonie mit sich selbst und der Umgebung wiederherzustellen. Inwieweit dies in unserer heutigen Welt noch vollständig möglich ist, sei dahingestellt. Dennoch bemühen sich die modernen ayurvedischen Ansätze um größtmögliche innere

Balance und Ausgeglichenheit, um emotionale Gelassenheit und körperliches Wohlergehen – denn nur so können Glück, Erfüllung und geistiges Wachstum in unser Leben (wieder) Einzug halten.

Der Ayurveda gibt Auskunft über Selbstdiagnose, Ernährung und einfache Arzneimittel wie Heilpflanzen, er leitet uns aber auch zur inneren und äußeren Körperreinigung an. Die Entgiftung stellt einen ganz wesentlichen Pfeiler der Therapie dar, denn sie ist die absolute Voraussetzung für eine positive innere Haltung und ein gesundes, vitales Leben. Konsequenterweise kümmern sich die ayurvedischen Behandlungen sehr stark um die Reinigung der Verdauungsorgane, um die Zellentgiftung und um eine gesunde und ausgewogene Ernährung. Schließlich stecken im Darm immerhin 70 Prozent unserer gesamten Immunkraft!

Meist genügt schon ein wenig Aufmerksamkeit sich selbst gegenüber, um kleinere Gesundheitsstörungen zu beheben oder drohende langfristige Schäden effektiv abzuwenden. Die globalen Krankheitskosten steigen ständig, doch die konventionelle Gesundheitspolitik investiert kaum in sinnvolle Präventionsmaßnahmen. Wer heute etwas für den Erhalt seiner Gesundheit und ein „junges Alter“ tun möchte, ist also auf Eigeninitiative und persönliches Engagement angewiesen. Kein Wunder, dass sich immer mehr Menschen nach „alternativen“ Lebensweisen umschauen.

Die moderne Zivilisation hat uns nicht nur die „Segnungen“ des technischen Fortschritts beschert, sondern auch die Zerstückelung unseres Daseins (strikte Trennung von Arbeit und Freizeit, hochgradige Arbeitsteilung etc.), eine verschmutze Umwelt, enormen Stress und viele negative Emotionen (Unzufriedenheit, Ängste, Entfremdung etc.). Doch gerade im materiell geprägten Westen kann Ayurveda helfen, innezuhalten, sich neu zu orientieren und schließlich den Weg in Richtung einer besseren Gesundheit einzuschlagen. Das uralte „Wissen vom Leben“ ist viel mehr als eine reine Körper-Therapie: Ayurveda rückt die Haltung des Einzelnen zu sich selbst und zum Leben in den Mittelpunkt. So eröffnen sich Perspektiven, wie das eigene Wohlergehen bewahrt oder wiedererlangt und dabei gleichzeitig die Persönlichkeit weiterentwickelt werden kann. Dies schafft Raum für die wesentlichen Dinge des Lebens – Selbstverwirklichung, Sinnlichkeit und Freiheit!

Doshas oder drei Kräfte, die in uns wirken: Vata, Pitta und Kapha

Nach den Lehren des Ayurveda werden sämtliche physischen und geistigen Körperfunktionen von drei ganzheitlichen Prinzipien gesteuert, den sogenannten Doshas: Vata, Pitta und Kapha. Sie bestimmen grundlegend unsere Konstitution. Die drei Doshas sind aber nicht etwa als eine reduktionistische Deutung der Naturzusammenhänge zu sehen, sondern vielmehr als ein höchst komplexes, abstrahiertes System energetischer Kräfte.

Man kann es sich ähnlich dem Bild auf dem TV-Schirm vorstellen: Ein Fernsehbild besteht aus einer bestimmten Verteilung dreier Farbelemente (Rot, Blau, Grün) in Form von winzigen Farbpunkten. Erhöht man beispielsweise den Blauanteil, erscheint das Bild verzerrt (es gerät aus dem Gleichgewicht, „krankt" an mangelnder Schärfe). Jede Veränderung ist also das Ergebnis einer Umverteilung dieser Farbpunkte – es entsteht immer wieder ein anderer, neuer Gesamteindruck. Genauso verhält es sich mit Vata, Pitta und Kapha – unser Körper macht sichtbar, wie diese drei Prinzipien in uns verteilt sind.

Vata gilt als das Bewegungsprinzip, Pitta steuert den Stoffwechsel und Kapha bildet die Struktur. Das Dosha-Konzept ist die biologische Umsetzung der Theorie von den fünf materiellen Bausteinen oder Grundelementen des Universums, die an allen dynamischen Prozessen beteiligt sind. Paarweise verbunden formen sie die drei Doshas:

Vata leitet sich von den Elementen Raum und Luft her.
Pitta stammt von Feuer und Wasser ab.
Kapha hat seinen Ursprung in Wasser und Erde.

Sämtliche Einflüsse, die auf uns wirken, beruhen auf den sich ständig verschiebenden Proportionen der fünf Elemente. Mit anderen Worten: Alle inneren und äußeren Veränderungen, mit denen wir täglich zu tun haben, sind von größter Bedeutung für unser Wohlergehen – dies betrifft unsere Umgebung, die Wetterverhältnisse, die Jahreszeiten und die kosmische Konstellation der Sterne ebenso wie den individuellen Rhythmus unserer Zellen oder unser persönliches Schlafverhalten. Daher empfiehlt die ayurvedische Medizin ein Leben in Balance mit den natürlichen Abläufen im Makro- und Mikrokosmos.

Dosha-Balance: Schlüssel zu perfekter Gesundheit und Energie

Unser Körper benötigt Brennmaterial (Substanz/Kapha), Sauerstoff (Luft/Vata) und Feuer (Energie/Pitta), damit er funktionieren kann. Die Doshas regulieren sowohl den physischen Aufbau unseres Körpers als auch seine geistigen Prozesse. Ausgewogene Doshas erhalten das Leben, stabilisieren uns und helfen, bei guter Gesundheit zu bleiben. „Humorales Ungleichgewicht", also fehlende Dosha-Balance, verursacht dagegen körperlichen Verfall, vorzeitiges Altern und eine unausgeglichene Persönlichkeit.

Welche Dosha-Veranlagung ein Mensch hat, ist von Geburt an festgelegt. Sie definiert die psychosomatische Grundkonstitution und verrät einiges über die persönliche Krankheitsanfälligkeit, die körpereigenen Abwehrkräfte und die Reaktionsweisen auf bestimmte Behandlungsmethoden, Heilmittel oder auch die Nahrung. Die physische Verschiedenheit der Menschen, die Unterschiede ihrer Charakterzüge und ihrer biologischen Mechanismen rühren also von den höchst komplexen Verteilungen der Doshas her. Es können ein, zwei oder alle drei Doshas vorherrschen, Mischtypen sind Vata-Pitta, Pitta-Kapha, Vata-Kapha und Vata-Pitta-Kapha. Die daraus resultierende Konstitution bestimmt die Stärken und Schwächen des zu Behandelnden und spielt in der ayurvedischen Diagnostik und Therapie eine wichtige Rolle. Die extreme Dominanz des einen oder anderen Dosha verursacht innere Störungen und kann uns schwächen.

Doshas, Elemente und Funktionen im Körper

Das Vata-Dosha und das dazugehörige Grundelement Raum/Luft werden assoziiert mit den Funktionen Atmung, Blutzirkulation, Ausscheidung, Gehör, Sprache, Tastsinn, Haut, Hirnfunktionen, Angst, Trauer, Schmerz, Begeisterung, Bewegung und Aktivität. Seine Eigenschaften werden beschrieben als leicht, trocken, beweglich, durchdringend, schnell, kalt und rau. Vata „führt" durch seine spezifischen Qualitäten die anderen Doshas an.

Dem Pitta-Dosha (Element Feuer/Wasser) sind die Funktionen Stoffwechsel, Wärmehaushalt, Sehkraft, Geschlechtsorgane, Verdauung, Hunger, Durst, Weichheit, Körperglanz, Heiterkeit und Intellekt zugeordnet. Seine Eigenschaften sind heiß, scharf, sauer und beweglich.

Das Kapha-Dosha (Element Wasser/Erde) bildet die gesamte Körperstruktur und steht für die Funktionen Festigkeit, Bindung, Form, Geruchssinn, Schwere, Potenz, Stärke, Duldsamkeit und Zurückhaltung. Die ihm zugeordneten Eigenschaften sind schwer, kalt, weich, ölig, schleimig, süß und unbeweglich.

Obwohl die drei Doshas in jeder einzelnen Körperzelle gegenwärtig sind und auch geistige Eigenschaften repräsentieren, wird ihnen dennoch ein „funktioneller Sitz" im Körper zugeschrieben:

- Vata-spezifische Funktionen befinden sich hauptsächlich im Dickdarm und im kleinen Becken, aber auch in der Harnblase, der Niere, im Anus, in den Hüften, Beinen und Füßen sowie in den Knochen.

- Pitta-spezifische Funktionen liegen vor allem im unteren Bereich des Magens, im Zwölffinger- und im Dünndarm, aber auch in der Leber, im Blut, in der Lymphflüssigkeit, im Herzen, in den Augen, im Schweiß und in der Haut.

- Kapha-spezifische Funktionen sitzen besonders im oberen Magen und in der Brustregion, aber auch im Kopf, im Nacken und in den Gelenken.

In der ayurvedischen Betrachtungsweise werden außerdem die unterschiedlichen Gewebearten des Körpers berücksichtigt, die für dessen Aufbau und Erhalt wichtig sind. Dazu gehören Knochengewebe, Zellflüssigkeit und Plasma, Muskelgewebe, Blut, Fettgewebe, Knochenmark und Nervengewebe, Samen- und Eizellen.

Aber auch die sogenannten „Srotas“ spielen eine wichtige Rolle, denn über diese „Kanäle“ werden Substanzen weitergeleitet beziehungsweise entsorgt. Zu den Srotas zählen das Blutgefäß- und Lymphsystem, die Bronchien, das Magen-Darm-System, die ableitenden Harnwege, der Dickdarm, die Transportwege innerhalb der Zellen und die Kapillaren, um nur einige zu nennen.

Stellt der Ayurveda-Arzt fest, dass die Aktivität innerhalb der Srotas zu stark, zu schwach oder gar ganz blockiert ist, wird dies in der Therapie entsprechend berücksichtigt.

Dosha-Ungleichgewicht und Krankheiten

Den Verlauf von körperlichen Beschwerden unterteilt die ayurvedische Medizin in sieben Phasen:

1. In einem Dosha sammeln sich unterschiedliche negative Einflüsse an.
2. Wird nichts unternommen, verstärkt sich dieses Ungleichgewicht.
3. Die entsprechende Negativ-Information beginnt zu zirkulieren, denn die zuvor lokal begrenzte Störung dehnt sich langsam auf andere Körperbereiche aus.

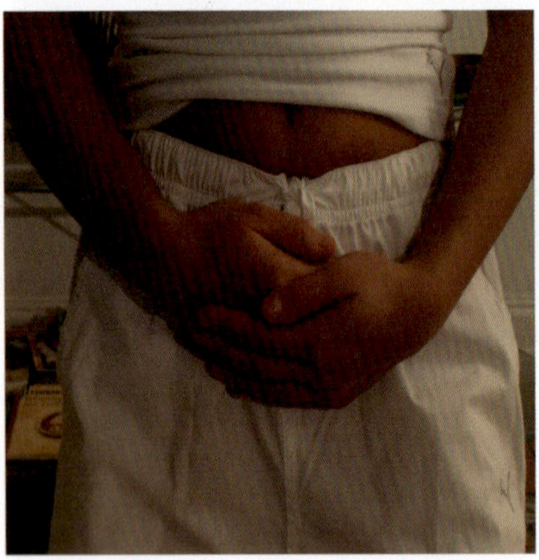

4. Das gestörte Dosha wandert durch den gesamten Organismus und setzt sich dann an einer anderen Stelle fest – es kommt zu einer Ablagerung.
5. Es zeigen sich erste Krankheitssymptome.
6. Akute ernsthafte Gesundheitsstörungen entwickeln sich.
7. Die Störungen gehen in chronische Stadien über.

Krankheiten sind im Allgemeinen weniger die Folge eines Dosha-Mangels, sondern eher eines Dosha-Überschusses. Wichtigstes ayurvedisches Gesundheitsgebot ist daher die Herstellung der individuellen Balance der drei Doshas, was jedoch nicht bedeutet, dass diese zu exakt gleichen Teilen im Körper vorhanden sein müssen. Entscheidend ist vielmehr, dass die einzelnen Doshas in sich ausgeglichen sind.

Wenn in unserem Körper – ähnlich wie bei einem Ofen – die Sauerstoffzufuhr (Vata) zu hoch ist, brennt das Feuer

(Pitta) zu heftig und nicht sehr lange. Wird das Material (Kapha) dagegen nicht gleichmäßig und vollständig verbrannt, bilden sich Ablagerungen und Schlacken, in der ayurvedischen Terminologie „Ama" genannt. Ist die Sauerstoffzufuhr generell zu gering, erlischt das Feuer über kurz oder lang. Wird zum Beispiel Pitta zu stark angeregt, befindet sich der gesamte energetische Haushalt im Ungleichgewicht. Alle drei Doshas stehen in permanenter Wechselbeziehung zueinander, schon ein gestörtes Dosha hat nachhaltige negative Auswirkungen auf dieses fein austarierte System.

Während ein ausbalanciertes Vata für Kreativität, innere Wachheit, starke Abwehrkräfte, guten Schlaf, vitale Darmfunktionen und eine positive Grundstimmung sorgt, ist das geschwächte Vata Voraussetzung für Beschwerden und Krankheiten wie Bluthochdruck, Schlaflosigkeit, Schwächegefühle, Gewichtsverlust, Verstopfung und Arthrose, aber auch für Unruhe und Ängste.

Eine gute Pitta-Konstitution bedingt unter anderem innere Ausgeglichenheit und Zufriedenheit, ein klares Hautbild und gute Verdauungstätigkeit. Pitta-Störungen führen hingegen zu Aggressivität, Verdauungs- und Leber-Dysfunktionen, Entzündungen, Hautkrankheiten, starkem Schwitzen und zu einem Säureüberschuss (Teststreifen zur pH-Wert-Bestimmung anhand von Urin- oder Speichelproben gibt es in der Apotheke).

Ein gestörtes Kapha-Dosha ist häufig die Ursache für Gewichtszunahme, schwache Gelenke, Trägheit, Depressionen, starkes Schlafbedürfnis und Kälteempfinden. Ist das Dosha jedoch in Balance, sind die Gelenke gesund, der Körper kraftvoll und vital, der Geist stabil und die Ausstrahlung meist liebevoll und nachsichtig.

KLEINE DOSHA-TYPOLOGIE

Der Vata-Typ

- Eher geringes Gewicht und leichter Körperbau
- Neigung zu trockener Haut
- Schnelle Auffassungsgabe
- Hoher Aktivitätsgrad
- Begeisterungsfähigkeit, kann auch andere motivieren
- Wind- und Kälteempfindlichkeit
- Neigung zu Sorgen und Grübelei
- Leichter Schlaf, Schlafstörungen

Der Pitta-Typ

- Mittelschwerer Körperbau
- Mäßige Schnelligkeit
- Systematisches Arbeiten und Organisieren
- Gute Verdauungsfunktionen
- Starker Hunger, braucht regelmäßige Mahlzeiten
- Mittelstarke Auffassungsgabe und Gedächtnisleistung
- Rhetorische Fähigkeiten
- Hitzeempfindlichkeit
- Gute Wiedergabe von Erlerntem
- Unternehmungslust und Mut
- Ungeduld
- Ärger und Erregbarkeit
- Neigung zu Sommersprossen und Muttermalen

Der Kapha-Typ

- Meist schwerer Körperbau
- Stärke
- Ausdauer
- Methodisches, langsames Arbeiten
- Langsame Verdauung
- Geringes Hungergefühl
- Beständigkeit
- Ruhe
- Langsame Auffassung
- Gutes Langzeitgedächtnis
- Tiefe und lange Schlafphasen
- Geringe Irritierbarkeit
- Neigung zu fettiger Haut
- Meist dunkles Haar

Ayurvedische Diagnose-Techniken

Eines der zentralen Anliegen des Ayurveda ist es, etwaige Krankheitssymptome so frühzeitig wie möglich zu erkennen. Damit dies gelingt, stehen dem ayurvedischen Arzt eine Reihe von sehr genauen Diagnosemethoden zur Verfügung. Um den Ursachen für die gestörte Befindlichkeit auf die Spur zu kommen, orientiert er sich an den verschiedensten Aspekten – Umwelt, Körper, Verhalten, Bewusstseinszustand etc.

Einige Untersuchungen des Ayurveda sind sehr einfach. Jeder Interessierte kann sie mit etwas Übung an sich selbst durchführen.

Pulsdiagnose

Das wichtigste Instrument der ayurvedischen Befindlichkeitsanalyse ist die geradezu legendäre Pulsdiagnose. Schon früh im Studium wird den angehenden Ayurveda-Spezialisten vermittelt, welche Krankheiten mit welchem Pulsmuster korrelieren, denn der Pulsschlag offenbart die humorale (dosha-spezifische) Konstitution des Menschen.

Der Arzt fühlt den Puls des Patienten mit Zeige-, Mittel- und Ringfinger – und teilt ihm anschließend den exakten Befund mit. Diese Diagnose stimmt verblüffenderweise immer, sodass man fast glauben möchte, einem „Wunderheiler" gegenüberzusitzen! Um diese Fähigkeit zu entwickeln, braucht es natürlich jahrelange praktische Erfahrung und eine gut geschulte Intuition, dennoch ist diese Untersuchung für alle Menschen erlernbar.

Die Pulsmessung sollte im Liegen, nicht unmittelbar nach dem Essen oder nach einer anstrengenden körperlichen Tätigkeit, vorgenommen werden. Meist wird der Puls am Handgelenk der rechten Hand befühlt. Normalerweise ist der Puls stark und regelmäßig. Bei Vata-Typen schlägt er jedoch häufig stark und schwach im Wechsel, Pitta-Typen zeigen eindeutige Pulssprünge und bei Kaphadominierten Menschen schlägt der Puls eher langsam und schwach. Weist der Pulsschlag mehrere dieser Eigenarten auf, liegt ein Ungleichgewicht von zwei oder sogar allen drei Doshas vor.

Fühlen Sie regelmäßig bei sich selbst und auch bei anderen den Puls. Je öfter Sie dies tun, desto mehr Übung bekommen Sie darin, Sie sammeln Erfahrungen und erhöhen Ihre Sensibilität für die Botschaften des Körpers. Besuchen Sie außerdem eine vertrauenswürdige ayurvedische Praxis und lassen Sie sich das Lesen und Interpretieren des Pulsschlags genau erläutern.

Atemprüfung

Die Atmung ist eine der wichtigsten Körperfunktionen überhaupt. Stoppt der Atem, hören auch andere vitale Funktionen des Körpers auf und das Leben ist beendet. Daher wird im Ayurveda wie im Yoga der Atem „Prana“ genannt, was gleichbedeutend ist mit „Leben“. Luft gehört zu den fünf Grundelementen des Lebens. Tritt Luft in unseren Körper ein, wird Prana zu „Shakti“, das heißt zu „Lebenskraft“.

Unsere Atmung sollte gleichmäßig und sanft sein. Die Nasengänge müssen offengehalten werden, wozu sich bestimmte ayurvedische Heilverfahren (z. B. Nasya) und Yoga-Techniken wie das Pranayama bestens eignen. Verstopfte Nasen- und Atemwege führen zu Kopf-, Hals- und Ohrenschmerzen sowie zu einer Beeinträchtigung der Sehkraft. Auch Allergien wie Heuschnupfen reizen die zarten Nasenschleimhäute und bedingen so eine Reihe von Atembeschwerden. Fließt der Atem nicht ungehindert, wird der gesamte Organismus geschwächt!

Überprüfen Sie einmal Ihren Atem. Schlechter Geruch deutet eventuell auf Zahnprobleme oder ungesunde Magensäfte hin, lassen Sie gegebenenfalls die Ursachen abklären. Vielleicht bahnt sich auch eine Infektion der Nasenwege an, die Sie im Frühstadium noch gut bekämpfen können. Dabei helfen Kräutertees und bestimmte Yoga-Übungen.

Bewusstes, tiefes Atmen spendet Lebenskraft und fördert zudem das Konzentrationsvermögen.

Praktizieren Sie zur Stabilisierung und Stärkung des Atemflusses die ayurvedischen Pranayama-Übungen, die Sie im Anwendungsteil dieses Buches finden.

Überprüfung der Zunge

Eine gesunde Zunge ist rosafarben, glatt und glänzend. Sie sollte außerdem frei von Belägen sein. Ist die Zunge rau und trocken, deutet dies auf eine Vata-Störung hin. Eine rötliche, brennende Zunge lässt dagegen auf ein überhöhtes Pitta schließen. Bei einem Kapha-Überschuss ist die Zunge eher weißlich belegt, nass und leicht schleimig. Eine weiße oder

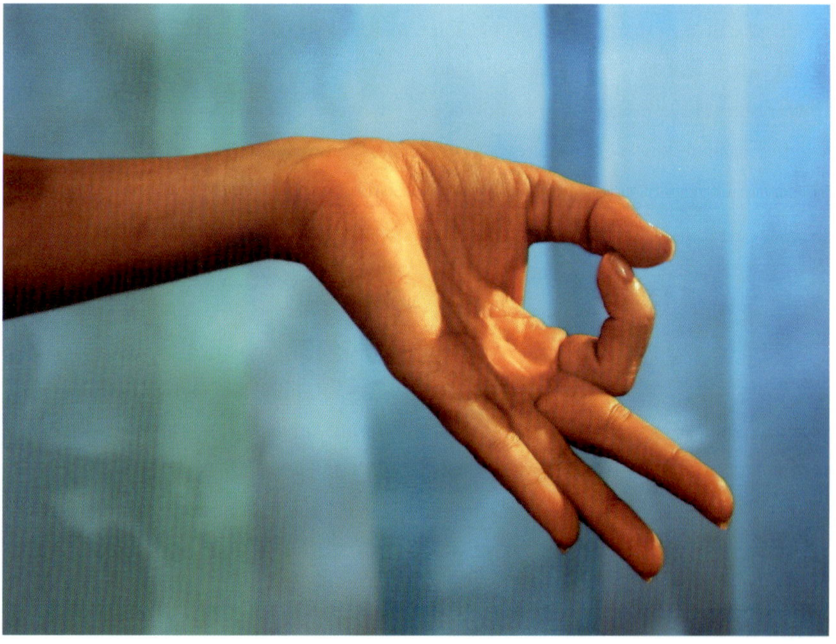

gar schwarze Zunge zeigt eine eindeutige Störung mehrerer Doshas an! Checken Sie schon morgens beim Zähneputzen Ihre Zunge und reinigen Sie sie mit einem Löffel, Ihrer Zahnbürste oder einem speziellen „Zungenspatel" (Apotheke, Reformhaus, ayurvedische Praxis). Zungenbeläge sind häufig ein Indiz für ein Ungleichgewicht im Säuren-Basen-Haushalt des Körpers, wie es durch zu viele Medikamente oder einen zu hohen Konsum von tierischen Eiweißen und Zucker entstehen kann. Finden Sie in jedem Fall die Ursache heraus und unternehmen Sie etwas, um die Balance wiederherzustellen (vgl. Kapitel „Ayurvedische Therapie").

Prüfung von Augen, Haut und Haaren

Die allgemeine Erscheinung eines Menschen kann uns wichtige Hinweise auf dessen Befinden geben. Eine strahlende Haut und lebhafte Augen sind nicht ohne Grund ein schöner (da gesunder) Anblick. Wenn die Haut jedoch matt und fahl aussieht und die Augen stumpf oder geschwollen wirken, die Haare glanzlos herunterhängen und das Gesicht einen müden Eindruck macht – dann sind dies Anzeichen eines aktuellen oder chronischen humoralen Ungleichgewichts. Mögliche Gründe gibt es viele: Schlaf- oder Mineralstoffmangel, Stress, übermäßiger Genuss von Alkohol, Nikotin oder Drogen, zu salzige und zu stark gewürzte Nahrung, aber auch nicht enden wollende negative Gedanken, Sorgen und Grübeleien.

Überlegen Sie, was am Vortag alles passiert ist oder wie sich die Dysbalance sonst noch aufgebaut haben könnte. Gelegentliche Ausschweifungen sind sicherlich leicht wieder auszugleichen und tun der Seele ab und zu richtig gut, längere Phasen der Selbstvergiftung oder ein konstant unregelmäßiger Lebensstil stellen den Organismus dagegen vor Herausforderungen, mit denen er auf Dauer nicht gut umgehen kann.

Schärfen Sie mit der täglichen Überprüfung Ihres Erscheinungsbildes Ihre Wahrnehmung für das Zusammenwirken äußerer und innerer Reize. Damit legen Sie eine solide Grundlage für Ihre persönliche Prävention und können Erkrankungen rechtzeitig erkennen und eventuell sogar noch abwenden. Lassen Sie sich jedoch nicht gleich aus der Ruhe bringen, wenn Sie einfach mal schlecht drauf sind – und auch so aussehen. Unsere „Tagesform" unterliegt ganz natürlichen Schwankungen.

Es ist im wahrsten Sinne des Wortes eine Lebensaufgabe, das eigene Dosha-Gleichgewicht herzustellen und zu bewahren. Doch mit ein paar einfachen Mitteln können Sie Ihren Körper und dessen Organe immer wieder revitalisieren und in Einklang mit den großen natürlichen Rhythmen (z. B. Tag und Nacht, Jahreszeiten, Jugend und Alter) bringen! Fügen Sie sich in diese kosmischen Prozesse ein und vermeiden Sie langfristig alles, was zu starker Disharmonie führen kann. So erreichen Sie einen Zustand „perfekter Gesundheit" – und das

ist laut Deepak Chopra, dem bekannten indischen Arzt und Heiler, unser selbstverständliches Geburtsrecht!

Beobachtung der körpereigenen Ausscheidungsprodukte

Heute ist es leider in Vergessenheit geraten oder vielfach sogar tabuisiert, sich mit den körpereigenen Ausscheidungen wie Urin und Stuhl zu befassen. Die Werbewelt vermittelt uns den Eindruck, dass nur in einer keimfreien, äußerlich sauberen Umgebung (möglichst ohne

„störende" vitale Prozesse!) ein angenehmes, lustvolles Dasein geführt werden könne. Die innere, viel wichtigere Reinigung bleibt ausgespart oder wird allenfalls in Form von profitablen, aber zweifelhaften, oft sogar schädlichen Abführmitteln (übrigens ein Milliarden-Markt!) an die Frau oder den Mann gebracht. Dies zeigt einmal mehr, wie natürliche Dinge aus wirtschaftlichen Interessen in unnatürliche umgemünzt werden.

Ganze Generationen vor uns sind ohne Fastfood und Co. bestens über die Runden gekommen. Echte Fettleibigkeit, wie in den USA und zunehmend auch in den europäischen Ländern verbreitet, kannten unsere Großmütter kaum (man denke an die kriegsbedingten, daher

zwangsläufigen „Fastenzeiten"). Sie beachteten den Körper noch auf eine ganz andere Weise – die freilich nicht immer bewusster oder „besser" war als die heutige –, aber sie schenkten gerade den Verdauungsprozessen mehr Aufmerksamkeit als wir es tun. Sie sorgten für eine natürliche Entgiftung des Körpers und wussten, dass bei Kindern, aber auch Erwachsenen, ein milder Einlauf Wunder wirken konnte, wenn es galt, eine beginnende Krankheit abzuwenden. In weniger überzivilisierten Ländern befragen Mütter ihre Kinder noch immer nach Regelmäßigkeit des Stuhlgangs und nach Geruch und Beschaffenheit von Stuhl und Urin.

Mit den Ausscheidungen entledigt sich der Körper seines Abfalls, im Ayurveda „Mala" genannt. Diese Ausscheidungen geben uns wichtige Informationen über die aktuelle Verdauungstätigkeit. Staut sich Mala im Körper (Verstopfung), zieht dies auf lange Sicht ernsthafte gesundheitliche Probleme nach sich, die kaum mit Abführmitteln beseitigt werden können oder sollten. Funktioniert die Verdauung nicht optimal, setzen innere Gärungs- und Fäulnisprozesse ein, z. B. durch ungünstige Nahrungskombinationen oder zu langes Verbleiben unverdauter Speisen im Darm. Es kann zu einer regelrechten Selbstvergiftung des Organismus kommen, wenn in den abzutransportierenden Substanzen enthaltene Toxine über die Blutbahn zurück in den Körper gelangen.

Die ayurvedische Heiltradition verfügt über bewährte Hausmittel zur natürlichen Aktivierung von „Agni", also unserem Verdauungsfeuer (sehr wirksam ist z. B. das tägliche Trinken von heißem Ingwerwasser). Außerdem greift sie die Kausalkette „Nahrung/Verdauung/ körperliche Gesundheit/ psychisches Wohlbefinden" konsequent auf und plädiert für eine integrale Lebensweise unter Berücksichtigung der Grundpfeiler unserer Gesundheit. Sie legt größten Wert auf die bewusste Ausführung aller Aktivitäten, ob Essen, Trinken, Tanzen, Sex, Arbeit oder was auch immer. Sie lehrt die Hingabe an den Augenblick, das Hier und Jetzt, und setzt auf „Awareness", das völlige Gewahrsein unseres Selbst. Die Konzentration auf die Nahrung und die Nahrungsaufnahme, verbunden mit positiven Gedanken wie Dankbarkeit und Sinnesfreude sowie die volle geistige Anteilnahme an den physischen Prozessen, sollen zur besseren Kommunikation zwischen Körper, Geist und Seele beitragen.

Der Darm gilt auch als Ort „unverdauter" psychischer Probleme. Überprüfen Sie kontinuierlich Ihre Ausscheidungen und schätzen Sie selbst ein, ob deren Beschaffenheit in Ordnung ist – oder ob sie Anlass dazu gibt, die eine oder andere liebe, aber ungesunde Gewohnheit doch besser aufzugeben, und zwar bevor ernsthafte Gesundheitsstörungen entstehen. Schon nach kurzer Zeit haben Sie darin Erfahrung und gewinnen mehr Sicherheit, folgen Sie einfach Ihrer Intuition. Wenn darüber hinaus Fragen oder Probleme auftauchen, nehmen Sie bitte Kontakt zu einem ayurvedisch orientierten Arzt auf.

KLEINE TIPPS FÜR DEN MALA-CHECK

Ist der Urin
- dickflüssig und trüb (Vata erhöht),
- rötlich, dunkelgelb und stark, riechend (Pitta-Ungleichgewicht),
- weißlich-schaumig (Kapha-Übermaß)?

Ist der Stuhl
- hart, trocken, grau, schwarz (erhöhtes Vata),
- flüssig, grünlich (Pitta-Ungleichgewicht),
- weißlich, klebrig (Kapha-Übermaß)?

Ist der Schweiß
- übermäßig (erhöhtes Vata),
- streng riechend (Pitta-Überschuss),
- kaum vorhanden (Kapha-Ungleichgewicht)?

Der Dosha-Test

Um zu erfahren, welches Dosha für Sie bestimmend ist, können Sie den folgenden kurzen Test machen. Beantworten Sie die Fragen spontan und zählen Sie am Ende die Punkte pro Abschnitt zusammen. Der Vergleich der drei Rubriken gibt Ihnen dann einen Anhaltspunkt zu Ihrer Konstitution und proportionalen Dosha-Mischung.

Der Test orientiert sich an den Kriterien, die der indische Arzt Deepak Chopra zur ayurvedischen Dosha-Diagnose erarbeitet hat, und ist an Gottwald/Howald angelehnt. Bewerten Sie bitte auf einer Skala von 0 bis 6, ob die folgenden Aussagen für Sie gar nicht, manchmal oder auf jeden Fall zutreffen.

0 = trifft nicht zu/ist ganz untypisch
1 = trifft kaum zu
2 = trifft gelegentlich zu
3 = trifft einigermaßen zu
4 = trifft öfter zu
5 = trifft meistens zu
6 = trifft auf jeden Fall zu/ist ganz typisch

Ihr persönliches Test-Ergebnis gibt Ihnen wertvolle Hinweise, welche ayurvedischen Anwendungen für Sie in Frage kommen, welche Nahrung Ihnen guttut oder von welcher Hautpflege Sie besonders profitieren. Schauen Sie sich doch einmal in aller Ruhe im Anwendungsteil dieses Buches um. Wir haben bei allen Behandlungsmethoden kenntlich gemacht, für welchen Dosha-Typ sie sich am besten eignen: So können Sie sich Ihre ganz individuelle Wohlfühl-Therapie für zu Hause zusammenstellen!

Vata-Check

	0	1	2	3	4	5	6
1. Ich handle schnell.							
2. Ich lerne schlecht auswendig und behalte Dinge schlecht.							
3. Ich bin lebhaft und begeisterungsfähig.							
4. Mein Körperbau ist leicht, ich nehme nicht schnell zu.							
5. Ich kann Neues schnell auffassen.							
6. Ich bin nicht sehr entscheidungsfreudig.							
8. Ich neige zu Blähungen oder Verstopfung.							
9. Ich bekomme leicht kalte Hände und Füße.							
10. Ich bin oft besorgt und ängstlich.							
11. Ich ertrage kaltes Wasser nicht besonders gut.							
12. Ich spreche schnell und bin kommunikativ.							
13. Ich schlafe schlecht ein und/oder durch.							
14. Meine Stimmungen wechseln schnell und ich bin sehr emotional.							
15. Ich neige zu trockener Haut.							
16. Ich bin geistig rege, aber auch rastlos.							
17. Meine Bewegungen sind schnell, meine Energie kommt in Schüben. Ich bin aktiv.							
18. Ich rege mich schnell auf.							
19. Ich neige zu unregelmäßigen Essgewohnheiten.							
20. Ich bin empfindlich gegen Wind und Zugluft.							

Pitta-Check

	0	1	2	3	4	5	6
1. Ich halte mich für sehr effizient.							
2. Ich führe Tätigkeiten genau und zielgerichtet aus.							
3. Ich habe einen starken Willen und eine gute Durchsetzungskraft.							
4. Bei heiß-feuchtem Wetter fühle ich mich unwohl und ermüde schnell.							
5. Ich schwitze leicht.							
6. Ich bin schnell gereizt und wütend.							
7. Ich brauche regelmäßige Mahlzeiten.							
8. Mein Haar ist eher dünn, rötlich und seidig.							
9. Ich habe einen guten Appetit und kann viel essen.							
10. Ich gelte eher als stur.							
11. Ich habe regelmäßige Verdauung und kaum Verstopfung.							
12. Ich verliere leicht die Geduld.							
13. Ich neige zu Perfektionismus.							
14. Ich brause schnell auf, aber trage nichts nach.							
15. Ich liebe kalte Speisen und kühle Getränke.							
16. Ich bin direkt und extrovertiert.							
17. Ich vertrage keine scharf gewürzten, heißen Speisen.							
18. Ich bin nicht sehr tolerant.							
19. Ich genieße Herausforderungen und bin beharrlich beim Erreichen meiner Ziele.							
20. Ich bin kritisch mir und anderen gegenüber.							

Kapha-Check

	0	1	2	3	4	5	6
1. Ich handle langsam, ohne Hektik.							
2. Ich nehme leicht zu und schwer ab.							
3. Ich bin eher ruhig und gefasst.							
4. Ich kann Mahlzeiten problemlos auslassen.							
5. Ich neige zu Trägheit und Verstopfung.							
6. Ich brauche mindestens acht Stunden Schlaf.							
7. Ich habe einen tiefen Schlaf.							
8. Ich errege mich selten.							
9. Ich lerne langsamer als andere, habe aber ein gutes Gedächtnis.							
10. Ich habe keine Probleme mit Geld.							
11. Kaltes, feuchtes Wetter mag ich nicht.							
12. Meine Haare sind eher dunkel und dicht.							
13. Ich habe eine weiche, blasse Haut.							
14. Ich habe einen kräftigen Körperbau.							
15. Ich bin heiter und sanftmütig.							
16. Meine Verdauung ist regelmäßig.							
17. Ich habe eine gute Ausdauer.							
18. Ich gehe eher langsam.							
19. Ich komme morgens nicht gut aus dem Bett.							
20. Ich esse mit Bedacht und gehe bei allem sehr methodisch vor.							

Ayurvedische Therapie – Anwendungen und Heilrituale

Bewusst leben, bewusst wählen

Fast jeder kennt das: Belastungen durch ungünstige Lebensgewohnheiten, psychischen Druck, Stress, extreme Arbeitsbedingungen, Konkurrenzkampf, drohenden Jobverlust, Umweltverschmutzung, emotionale Kälte, zunehmende Ich-Bezogenheit und oberflächliche Reizfixierung. Hinzukommt die allgemeine Unfähigkeit, unsere großen globalen Probleme strukturell und nachhaltig zu lösen.

Es liegt auf der Hand, dass Konsumorientierung und Konzentration auf banale Äußerlichkeiten kaum geeignet sind, diese Missstände abzustellen. Wache Menschen machen sich (trotz nachvollziehbarer „Anfälligkeit" für Verwöhnung und Luxus) nicht vor, damit ihre sozialen oder persönlichen Frustrationen überwinden zu können. Wir alle sind in das große Gewebe ineinandergreifender sozialer Mechanismen eingebunden und willigen durch unser Verhalten täglich – tatkräftig oder unbewusst – in diese kollektive „Massen-Hypnose" ein! Auch der Rückzug in die scheinbar privaten Glücksoasen ist in Anbetracht der realen Zusammenhänge oft nur ein kleiner Trost beziehungsweise eine weitere Illusion. Kurz und gut: Enormer Handlungsbedarf besteht – und die Entscheidung für eine Veränderung oder Verbesserung der Situation beginnt nirgendwo anders als bei uns selbst!

In vielerlei Hinsicht haben wir die Wahl. Individuelle Freiheit oder Versklavung durch die Warenwelt? Unabhängigkeit und persönliches Wachstum oder übermäßige soziale Anpassung? Ständige Gesundheitssorgen oder bewusstes Engagement für ein fittes Alter? All das liegt in unserer Hand und an den Prioritäten, die wir setzen. Immer mehr Menschen möchten wieder mehr Zeit für Freunde und Familie haben, statt immer nur zu schuften und dem Geld hinterherzujagen. Sie bemühen sich um eine bessere „Work-Life-Balance“ (Gleichgewicht von Arbeit und Freizeit, Aufhebung der Trennung von Pflicht und Vergnügen), denn nur so entsteht Raum für mehr Gefühl und Ganzheitsempfinden.

Der Ayurveda möchte den Einzelnen auf seinem Weg zu mehr Balance und Harmonie sinnvoll unterstützen. Viele von uns können sich heute kaum noch vorstellen, dass seelische, körperliche und geistige Gesundheit tatsächlich relativ einfach zu bewerkstelligen ist – zum Beispiel durch die konsequente Abkehr von destruktiven Beziehungen, durch die bewusste Wahl von konstitutionsfördernden Nahrungsmitteln (Entscheidung für eine Ernährung im Einklang mit den eigenen Bedürfnissen), durch klares Trinkwasser in Quellwasserqualität, durch die Respektierung der natürlichen Rhythmen des Körpers und der Natur, durch Entspannungstechniken wie Yoga und Meditation, durch

wohltuende Körperpflege, Massage- und Bäderanwendungen zur Förderung der Entschlackung und last but not least durch einen liebevollen Umgang mit sich selbst.

Doch es gibt eine wichtige Voraussetzung: All dies soll im Alltag gelebt statt nur „gewusst“ werden! Auf die konkrete Umsetzung unserer Erkenntnisse kommt es an. Andernfalls bleibt der gewünschte Erfolg nämlich aus – und schon wenden wir uns enttäuscht ab und hetzen zum nächsten heilversprechenden Lifestyle- oder Gesundheitskonzept! „Hingabe“ heißt das Zauberwort für einen positiven Lebensstil: „Hingebungsvolle Selbstverpflichtung“, denn die Schritte in die gesunde Richtung müssen wir Tag für Tag selbst gehen, dies kann uns niemand abnehmen.

Tipps für den Vata-Typ:

- Sich öfter mal ausruhen.
- Für ausreichend Schlaf sorgen.
- Nachtruhe möglichst vor 0:00 Uhr.
- Regelmäßige Mahlzeiten.
- Fünf Minuten Ruhe nach dem Mittagessen.
- Ausreichend warmes oder heißes Wasser trinken.
- Für Wärme und genügend Luftfeuchtigkeit sorgen.
- Zugluft meiden.
- Nicht überanstrengen.
- Konsum anregender Mittel (Kaffee, Alkohol, Zigaretten etc.) einschränken.
- Psychischen Stress reduzieren.
- Sanftes, entspannendes Training wie Qigong, Yoga, SenFi, Golfen, Radfahren, Schwimmen, Autogenes Training, Sen Balance, Wandern etc.

Tipps für den Pitta-Typ:

- Balance zwischen Aktivität und Passivität finden.
- Kühlende, pitta-reduzierende Maßnahmen wie säurearme Getränke und kurze Badezeiten bei warmen bis heißen Temperaturen.
- Schutz vor übermäßiger Sonneneinstrahlung, keine langen Sonnenbäder (Sonnenhut nicht vergessen!).
- Mäßige Mahlzeiten dreimal täglich in Ruhe zu sich nehmen.
- Geringer Konsum von Stimulanzien und Genussmitteln.
- Natürliche Maßnahmen zur Darmreinigung.
- Nahrungstoxine meiden (Waren aus kontrolliertem Anbau bevorzugen).
- So wenig Medikamente wie möglich verwenden.
- Aggressive Diskussionen vermeiden.
- Mittelstarke körperliche Aktivitäten wie Radfahren, Wandern,Tanzen, Segeln, Low-Impact-Training, sanftes Power-Yoga etc.

Tipps für den Kapha-Typ:

- Für ausreichend Aktivität und Anregung sorgen.
- Flexibilität und Offenheit für neue Situationen üben.
- Lernen, Veränderungen zuzulassen.
- Anhaftung an Besitz relativieren.
- Leicht und nicht zu viel essen.
- Heißes, zehn Minuten lang gekochtes Wasser trinken.
- Mäßiger Verzehr von Süßigkeiten.
- Leichte Bewegung nach dem Mittagessen.
- Trockene Wärme.
- Viel Sport und Bewegung wie Kardio- und Ausdauertraining, Bodyshaping, Power Yoga, Fatburning, Radfahren, Schwimmen oder Inlineskating.

Ernährungsprinzipien des Ayurveda

Die Beachtung der individuellen Dosha-Veranlagung spielt eine große Rolle bei der Vermeidung von Krankheiten. Sie gewährt die Optimierung unseres humoralen Gleichgewichts und schützt unsere Vitalkräfte. Richtige Ernährung ist eine der wichtigsten ayurvedischen Säulen zur Erhaltung unserer Gesundheit. Nahrungsmittel sind im eigentlichen Sinne „Medizin“, die entweder heilen oder schaden können.

Heute leiden viele Menschen an Mangelerscheinungen, die vor allem durch den Qualitätsverlust unserer Nahrung (Fertigprodukte) und die Belastung der Ackerböden (Antibiotika, Chemikalien wie Nitrate, Pestizide, Herbizide etc.)

bedingt sind. Auch unzureichend aufgeschlossene Speisen und schlechte Kaugewohnheiten sorgen für Störungen – das stressbedingte Herunterschlingen von Mahlzeiten kommt hinzu.

Unser Essverhalten lässt sich kurz und knapp auf den Punkt bringen: Zu viel, zu viel Falsches auf falsche Weise und meistens auch noch zur falschen Zeit.

Darüber hinaus sind gefährliche Essstörungen wie Anorexie (Magersucht) und Bulimie (Ess-Brech-Sucht) auf dem Vormarsch, da fragwürdige Mode-Erscheinungen schon junge Mädchen zum exzessiven Hungern verführen, um dadurch eine Figur zu erlangen, die nichts mehr mit den ursprünglichen und individuellen Bedürfnissen des Körpers zu tun hat. Aber auch unentdeckte Nahrungsmittel-Unverträglichkeiten oder Allergien, wie etwa auf Milch- und Weizenprodukte, sind in erschreckendem Ausmaß gestiegen. (Aufschluss darüber kann Ihnen unter anderem die medizinische Disziplin der angewandten Kinesiologie geben, erkundigen Sie nach

einem entsprechenden Angebot in Ihrer Nähe.)

Das ayurvedische Ernährungskonzept berücksichtigt individuelle Verträglichkeiten und Unverträglichkeiten, aber auch ganz subjektive Vorlieben und Abneigungen werden ernst genommen. Auf diese Weise wird das Gefühl für die „richtigen" Nahrungsmittel gefördert und die Reaktionen des Körpers auf bestimmte Speisen rücken wieder ins Bewusstsein.

Warme Gerichte gelten grundsätzlich als leichter verdaulich und bekömmlicher als kalte oder rohe, obwohl natürlich auch frische Salate, Nüsse und Obst ihren festen Platz im ayurvedischen Speiseplan haben.

Wichtigster Faktor für die gesunde Verwertung der Speisen ist „Agni", unser Verdauungsfeuer – es sollte nie durch zu kurze Zeitspannen zwischen den Mahlzeiten überbeansprucht werden! Sobald wir mehr essen, als wir verdauen und verarbeiten können, belasten wir den Körper. Außerdem beschleunigen sich dadurch Degenerationsprozesse und Zellverschlackung: Wir altern schneller. Es empfiehlt sich, zwischen den Mahlzeiten etwa vier Stunden vergehen zu lassen. Zusätzlich sollte der Körper zweimal jährlich einer intensiven Reinigungskur (Panchakarma) unterzogen werden.

Agni reduziert sich,

- wenn wir zu viel und unregelmäßig essen;
- wenn wir während Fastenkuren essen;
- wenn wir zu schwere oder zu kalte Nahrung zu uns nehmen;
- wenn die Nahrung nicht der Tages- und Jahreszeit angepasst ist.

Ist unser „Agni" nicht stark genug, läuft der Stoffwechsel gewissermaßen auf Sparflamme. Toxisches und saures „Ama" (Schlacken) entsteht, wodurch die Verdauungskraft wiederum weiter abnimmt und sich noch mehr „Ama" bildet – eine negative Spirale, die uns schwächt und in ihren weiteren Auswir-

kungen oft unterschätzt wird! Nicht selten sind Depressionen und fehlende Antriebskraft, starke Kopf- und Gelenkschmerzen, chronische Müdigkeit und Abgeschlagenheit sowie ein ohne ersichtlichen Grund stark gedämpftes Lebensgefühl auf Übersäuerung und unzureichende Verdauung zurückzuführen.

Trinken Sie zum Abbau von „Ama" heißes Zitronenwasser (mit etwas Honig) und verzichten Sie hin und wieder auf das Frühstück. Nehmen Sie tagsüber immer wieder schluckweise warmes Wasser zu sich und schränken Sie für eine Weile den Konsum von tierischem Eiweiß, Süßigkeiten, Gebratenem und Frittiertem ein. Auch Milchprodukte sollten Sie erst einmal meiden!

Ayurvedische Tipps für gesundes Essen

- Essen Sie in entspannter, ruhiger Atmosphäre. Eine ausgeglichene Stimmung fördert die Verdauung.

- Vermeiden Sie stressige Gespräche oder negative Diskussionsthemen. Nach jüngsten wissenschaftlichen Erkenntnissen wirken sich derartige „Schwingungen“ (Gedanken, Informationen, Emotionen) ungünstig auf den Energiegehalt und die Botschaft von Trägerstoffen wie Nahrung und Getränken aus.

- Lesen Sie nicht während der Mahlzeiten. Lassen Sie den Fernseher aus!

- Kauen Sie bewusst und gründlich und nehmen Sie dabei die Nahrung wahr. Achten Sie auf den Zeitpunkt der Sättigung und essen Sie dann auf keinen Fall mehr weiter.

- Nehmen Sie Ihre Hauptmahlzeit mittags zu sich, weil Pitta dann am stärksten wirkt. Abends sollte eher leicht und vor allem tiereiweißreduziert gegessen werden, da der Organismus sonst Schlacken- und Giftstoffe entwickeln würde, die schwer wieder abzubauen sind.

- Trinken Sie entweder vor oder nach dem Essen. Während des Essens höchstens kleine Schlückchen, aber bitte nicht literweise Wasser oder andere (vor allem kalte) Getränke. Werden Speisen und große Flüssigkeitsmengen gleichzeitig aufgenommen, kommt es zu einer Produktionsstörung und Verdünnung der Magen- und Verdauungssäfte. Eine ausreichende enzymatische Zerlegung der Nahrungsmittel und damit eine komplette Verdauung ist dann nicht mehr gewährleistet. „Ama“ entsteht.

- Wein und andere gehaltvolle Getränke sollten wie eine Speise „gekaut“ werden.

- Verzichten Sie nicht auf Fett! Lange Zeit wurde die These „Fett macht fett“ vertreten. Diese Vorstellung gilt inzwischen als überholt, denn unsere Zellen brauchen ungesättigte Fettsäuren (Omega-3-Säuren), um Nährstoffe vollständig verarbeiten zu können. Ein übermäßiger Fettverzehr ist – so wie jedes Übermaß – der Gesundheit jedoch nicht zuträglich.

- Alle sechs Geschmacksrichtungen (s. unten) sollten in Ihrem Speiseplan vertreten sein. Hören Sie dabei auf Ihr Gefühl und folgen Sie Ihren spontanen Impulsen. Der Körper verlangt oft genau nach dem, was er gerade besonders dringend benötigt!

- Die Nahrungsmittel sollten stets frisch und frisch zubereitet sein.

- Verwenden Sie Ghee (geklärtes Butterfett). Sie bekommen es in Fachgeschäften, Bioläden und Reformhäusern, können es aber auch selbst herstellen: Butter aufkochen, den weißlichen Schaum abschöpfen, das Ganze noch etwa zehn Minuten weiter köcheln, dann abkühlen lassen, fertig! Ghee ist sehr bekömmlich und soll verjüngend und zellregenerierend wirken. Auch der Cholesterinspiegel sinkt durch dieses „Heilmittel“. Darüber hinaus eignet sich Ghee ausgezeichnet als Trägersubstanz für Kräuter und andere Anwendungen wie Umschläge, Pasten und Massagen.

- Gönnen Sie sich im Anschluss an jede Mahlzeit etwas Zeit und Muße, bevor Sie sich wieder Ihren Aktivitäten zuwenden.

Sechs Geschmacksrichtungen und physikalische Eigenschaften

Dem Ayurveda zufolge sollten sich alle Mahlzeiten an den sechs Geschmacksrichtungen süß, salzig, sauer, bitter, scharf und herb (zusammenziehend) orientieren. Auch diese Kategorien lassen sich wieder von den fünf Elementen Raum, Luft, Feuer, Wasser und Erde herleiten. Doch Nahrungsmittel besitzen nicht nur Geschmack, sondern auch physikalische Eigenschaften, und zwar: schwer, leicht, ölig, trocken, heiß und kalt. Werden sämtliche Geschmacksrichtungen und physikalischen Eigenschaften in der Ernährung berücksichtigt, erzielt man eine ausgleichende Beeinflussung der Doshas. Das Ganze ist übrigens viel einfacher, als es sich anhört: Hier kommt eine Übersicht, mit der Sie sich schnell zurechtfinden werden.

Süß (aufbauend und nährend)

Getreide (Brot, Teigwaren), Kartoffeln, Reis, Milch, Butter, Sahne, Zucker, Fleisch, Nüsse, Öle.

Sauer (aufbauend, verdauungsanregend)

Zitrusfrüchte, Käse, Joghurt, Essig, milchsauer vergorene Produkte.

Salzig (verdauungsfördernd und flüssigkeitsspeichernd)

Salzhaltige Speisen. Natürliches Steinsalz ist optimal (Himalaja-Salz).

Scharf (verdauungsfördernd, steigert Agni)

Gewürze wie Ingwer, Pfeffer, Chili, Kreuzkümmel, Rettich, Radieschen etc.

Bitter (regt Gallenfluss und Darmtätigkeit an)

Grüne Blattgemüse, bittere Salate, Kräuter und Gewürze.

Herb (zusammenziehend)

Hülsenfrüchte wie Bohnen, Gemüse wie Blumenkohl, Brokkoli, Äpfel, Birnen, aber auch Kartoffeln.

Dosha-Wirkungen von Nahrungsmitteln

Vata-reduzierend

süß, sauer, salzig/schwer, ölig, heiß.

Kapha-beruhigend

scharf, bitter, herb/leicht, trocken, heiß.

Vata-erhöhend

scharf, bitter, herb/leicht, trocken, kalt.

Kapha-mehrend

süß, sauer, salzig/schwer, ölig, kalt.

Pitta-reduzierend

süß, bitter, herb/kalt, schwer, ölig.

Pitta-anregend

scharf, sauer, salzig/heiß, leicht, trocken.

Tipp:
Im Bioladen oder Reformhaus kann man sogenannte Churnas kaufen. Dies sind spezielle Gewürzmischungen, die auf den Vata-, Pitta- oder Kapha-Typ abgestimmt sind und der Förderung der Dosha-Balance dienen.

Der Vata-Typ

isst am besten eher warm und schwer und beginnt seinen Tag mit einem guten Frühstück. Große Mengen an Salat oder rohem Gemüse sollten vermieden werden und grundsätzlich beim Abendessen gar keine Rolle mehr spielen. Der Grund: Zum Abend hin nimmt die Darmaktivität ab, die Speisen verweilen unverdaut und zu lange im Darm – dadurch können schnell Fäulnis- und Gärungsprozesse entstehen, die den gesamten Organismus belasten. Dies gilt für alle Dosha-Typen!

Vata-reduzierende Nahrungsmittel:

- Milchprodukte: Milch, Ghee, Butter, Frischkäse, Sahne, Joghurt.

- Getreide: Weizen, (Basmati-)Reis, Dinkel, Haferflocken.

- Gemüse/Salate: Kürbis, Tomaten, Spargel, Rote Bete, Karotten, Zucchini, Gurken, milder weißer Rettich, Fenchel, Artischocken, Auberginen, Kartoffeln, Spinat, Rosenkohl, Blumenkohl, Brokkoli, Bohnenkeimlinge, Süßkartoffeln.

- Obst: reife, süße Früchte! Eingeweichte Trockenfrüchte, Bananen, Mangos, Melonen, Papayas, Ananas, Pflaumen, Beeren, Avocados, Kirschen, Pfirsiche, Aprikosen, frische Feigen, Trauben, Zitronen, Orangen, Datteln, Rosinen, Äpfel, Birnen, Kiwis, Granatäpfel.

- Hülsenfrüchte: Sojaprodukte, Tofu, rote Linsen, Mungbohnen.

- Nüsse/Samen: alle Sorten außer Erdnüsse.

- Öle/Fette: alle.

- Süßmittel: brauner Zucker, Zuckerrohrprodukte, Melasse, Sirup, Palmzucker, Ursüße, Honig in kleinen Mengen.

- Gewürze: alle, insbesondere Ingwer, Nelken, Kardamom, Zimt, Kreuzkümmel, Senfkörner, Estragon, Basilikum, Rosmarin, Thymian, Kümmel, Oregano, Majoran, Muskat, Petersilie, Kresse, Liebstöckel, Piment, Paprika, Safran, Salbei, schwarzer Pfeffer in kleinen Mengen, Gelbwurz/Kurkuma, Steinsalz, Asant (*Asa foetida*), Anis, Tamarinde, Fenchelsamen, Koriander.

- Fleisch/Fisch/Eier: Huhn, Truthahn, Lamm, Meerestiere, Eier in kleinen Mengen.

Meiden:

- Kaltes, trockenes und leichtes Essen. Bitteres, Herbes und Scharfes.
- Unregelmäßige und gewichtsreduzierende Mahlzeiten.

Der Pitta-Typ

neigt zu Maßlosigkeit und sollte zu viele und zu heiße Speisen meiden. Vor allem Kaffee, Alkohol, Zucker sowie die meisten Milchprodukte sind seiner Konstitution nicht sehr zuträglich. Magere Fleischgerichte gibt es für ihn nur ab und zu. In den westlichen Wohlstandsgesellschaften wird ohnehin zu viel tierisches Eiweiß verzehrt, was oft zur Übersäuerung des Organismus und damit zu Kopfschmerzen, Verschlackungen, Gelenkproblemen und zahlreichen anderen Beschwerden führt. Ebenfalls ungeeignet für den Pitta-Typ sind Salz und scharfe Gewürze, denn sie regen dieses Dosha zu stark an. Angesagt sind stattdessen milde Gewürze wie zum Beispiel Kardamom (wirkt auch ausgleichend in Tee und Kaffee).

Pitta-reduzierende Nahrungsmittel:

- Milchprodukte: wie bei Vata (s. o.), außerdem süße Buttermilch.

- Getreide: wie bei Vata (s. o.), außerdem Gerste.

- Gemüse/Salate: überwiegend süß und bitter, Spargel, Gurken, Zucchini, Kürbis, Sellerie, Kohl, Brokkoli und Blumenkohl, Kartoffeln, Keimlinge, grünes Blattgemüse (wie Mangold, Wirsing, Kopfsalat) Süßkartoffeln.

- Süßes Obst: Bananen, Mangos, Melonen, Avocados, Feigen, Birnen, Trauben, Rosinen, Ananas, Orangen, Äpfel, Granatäpfel, Datteln, Aprikosen, Kiwis.

- Hülsenfrüchte: grüne Bohnen, frische Erbsen, Sojaprodukte, gelbe Mungbohnen und andere Hülsenfrüchte, jedoch keine Linsen.

- Nüsse/Samen: Kokosnuss, Sonnenblumenkerne, Kürbiskerne.

- Öle/Fette: Olivenöl, Sonnenblumenöl, Kokosöl, Sojaöl.

- Süßmittel: weißer Kandis, Ursüße, Palmzucker.

- Gewürze: frische Gartenkräuter (außer Lauch), Ingwer in Maßen, kleine Mengen schwarzer Pfeffer, Koriander, Kardamom, Fenchel, Safran, Gelbwurz/Kurkuma, Minze, Kamille, Holunder, Malve, Hibiskus, Johanniskraut, Haferstroh, Brennnessel, Schafgarbe, Zinnkraut, Lavendel.

- Fleisch/Eier: Huhn, Truthahn, Fasan, Hase, Wild, Eiweiß vom Ei.

Meiden:

- Heiße Speisen und Getränke.
- Scharfe, salzige und saure Nahrung.
- Unregelmäßige, leichte und trockene Mahlzeiten.

sollte leicht und warm mit wenig Fett, Salz und Zucker essen. Espresso und bittere Tees wirken sich positiv auf das Dosha aus, von Süßigkeiten zwischendurch ist dagegen abzuraten (Ausnahme: Honig). Ballaststoffe und heißer Ingwertee stimulieren und fördern die Verdauungsaktivität!

Weitere Dosha-spezifische Ernährungstipps erhalten Sie bei Ihrem Ayurveda-Arzt. Er kennt die Besonderheiten Ihres Organismus und Ihrer Lebensgewohnheiten und wird gerne einen Speiseplan für Sie erstellen.

Kapha-reduzierende Nahrungsmittel:

- Milchprodukte: warme Magermilch, geringe Mengen Frischkäse, Ghee, Ziegenmilch, Buttermilch.

- Getreide: Gerste, Hirse, Buchweizen, Mais, Roggen, Hafer, Dinkel, wenig Weizen und Reis.

- Gemüse/Salate: überwiegend Blattgemüse und scharfe, bittere Sorten wie Spinat, Kohl, Wirsing, Rosenkohl, Blumenkohl, Brokkoli, Kohlrabi, Chicorée, Keimlinge, Kartoffeln, Mohrrüben, Rote Bete, Staudensellerie, Auberginen, Spargel, Rettich, Radieschen, Petersilie, alle Blattsalate, Paprika, Artischocken.

- Süßes Obst: Äpfel, Birnen, Granatäpfel, Beeren, Kirschen, Pfirsiche, Dörr- und Trockenobst, Papayas, Feigen.

- Hülsenfrüchte: alle Sorten und Mungbohnen, jedoch keine Sojaprodukte und keine weißen Bohnen.

- Nüsse/Samen: Sonnenblumenkerne und Kürbissamen in kleinen Mengen.

- Öle/Fette: kleine Mengen Mandelöl, Maisöl, Sonnenblumenöl, Senföl, Sesamöl, Olivenöl.

- Süßmittel: Honig.

- Gewürze: alle außer Salz. Besonders empfehlenswert sind scharfe Gewürze wie Ingwer, Pfeffer, Koriander, Gelbwurz/Kurkuma, Nelken, Kardamom, Zimt, Kreuzkümmel, Basilikum, Kümmel, Majoran, Muskat, Lavendel.

- Fleisch/Fisch/Eier: Huhn, Truthahn, Wild in kleinen Mengen, Garnelen, Eier nicht gebraten.

Meiden:

- kaltes, schweres und öliges Essen.
- Süßes, Saures, Salziges.

Rasayanas: Die ayurvedischen Verjüngungsmittel

Kräuter und Heilpflanzen mit ihren spezifischen Wirkungen auf den Organismus sind aus dem Ayurveda nicht wegzudenken! Sie werden auch als „konzentrierte Nahrung“ betrachtet, die das Immunsystem ankurbelt und vorzeitiges Altern verhindert. Auch Asthma, Bronchitis, rheumatische Erkrankungen, Darmentzündungen und andere Leiden können damit behandelt werden. Diese schützenden und stärkenden Mittel heißen „Rasayanas“.

Rasayanas werden in aufwendigen und zeitintensiven Produktionsverfahren hergestellt, die manchmal sogar mehrere Monate in Anspruch nehmen. Optimale Wirkung entfalten sie, wenn vor der Anwendung eine gründliche innere Reinigungskur durchgeführt wird.

Eines der bekanntesten ayurvedischen Rasayanas ist das Amrit Kalash. Es stammt aus ausgewählten Regionen des Himalaja, wo viele besondere Kräuter und Früchte wachsen. Die darin enthaltenen Stoffe sowie deren hohe antioxidative und regenerative Kräfte sollen bewirken, dass sich Abwehrzellen im Körper schneller bilden und dadurch „freie Radikale“ (Ursache vieler Krankheiten) besser bekämpft werden können.

Tipp: Rasayanas gegen Fettpölsterchen

„Guggulu“ aus der harzigen Rinde des Guggul-Baumes (ein Myrrhengewächs) ist ein bitteres Pulver, das in kleinen Mengen über die Mahlzeiten gestreut wird. Die Bitterstoffe der Rinde mit der biochemischen Bezeichnung „Guggulsteron“ haben im Kampf gegen das Übergewicht erstaunliche Wirkung gezeigt, denn sie greifen steuernd in den Fettstoffwechsel ein und können darüber hinaus einen zu hohen Cholesterinspiegel senken. Nun sollte niemand glauben, Guggulu sei ein omnipotentes Zauber-Schlankheitsmittel – ein interessanter Anti-Pfunde-Helfer aus der Natur ist es allerdings durchaus.

Bis jetzt ist die Zahl der wissenschaftlichen Untersuchungen noch relativ gering, dennoch gibt es einige ayurvedische Präparate, die sich auch in unseren westlichen Zusammenhängen eindeutig bewährt haben. So konnte zum Beispiel Prof. Dr. Hermann Ammon, Pharmakologe an der Universität Tübingen, nachweisen, dass der im Ayurveda eingesetzte Weihrauch bestimmte Säuren enthält, die die Bildung von Leukotrienen blockieren – diese Substanzen in den weißen Blutkörperchen sind für verschiedene Formen von chronischen Entzündungen verantwortlich.

Ghee, Milch und Honig werden im Ayurveda als natürliche Rasayanas betrachtet. In der Panchakarma-Kur hilft Ghee auch bei der Entgiftung des Organismus, da es fettlösliche Umwelt- und Körpertoxine binden kann. Zudem stärkt es das Agni, also unsere Verdauungskraft. Und ohne gutes Agni können wir kein vitales, erfülltes Leben führen.

Yoga – Der effektive Weg zu ganzheitlicher Entspannung

Yoga ist ein umfassendes, jahrtausendealtes Bewegungs- und Entspannungssystem, das seine Wurzeln, genau wie der Ayurveda, in Indien und den vedischen Schriften hat. Der sogenannte „achtfache Pfad“ des Yoga (Ashtanga) bezieht nicht nur Körperübungen in seine Lehre ein, sondern auch die Auseinandersetzung mit der eigenen Geisteshaltung (Wahrheitsliebe, Genügsamkeit, Zufriedenheit, Hingabe, Versenkung in Meditation etc.).

Ich kann dieses sehr komplexe Thema hier nicht weiter vertiefen, denn dies würde ein eigenes Buch erfordern (vgl. meine Yoga-Publikationen). Dennoch möchte ich Ihnen exemplarisch den Sonnengruß als ein in sich abgeschlossenes Kurztraining vorstellen, sowie einige Yoga-Positionen in Ruhe („Asanas“) einführen, die sich sehr positiv auf Körper und Geist auswirken.

Im Sonnengruß werden fließende Bewegungsabläufe mit dem Atem synchronisiert. Der Übende verändert beinahe mit jedem Ein- und Ausatmen seine Position. Manche Stellungen werden einige Atemzüge lang unter Anspannung bestimmter Muskelpartien gehalten, die Energie wird so dynamisch gesteigert. Die enge Verknüpfung von Bewegung und Atemtechnik erzeugt Wärme, die während des gesamten Übungsverlaufs im Körper zirkuliert, ihn entgiftet und therapiert.

Entgiftung – dies ist auch im klassischen Yoga ein sehr zentraler Begriff! Die Entgiftung gilt als absolute Voraussetzung für körperliches und seelisches Gleichgewicht! Wenn wir einmal überlegen, welchen Umweltbelastungen wir tagtäglich ausgesetzt sind und wie viele chemische Zusatzstoffe wir mit der Nahrung aufnehmen, wird schnell klar, wie wichtig es ist, den Körper immer wieder von schädlichen Schlacken zu befreien und damit seine Balance zu fördern. Durch die Entgiftung werden Stress, Schlafstörungen, emotionale Blockaden und körperliche Verspannungen abgebaut, sie setzt neue Energien frei und stärkt das Immunsystem. Die Reinigung dringt bis in die zellulare Ebene vor, sodass Vitalstoffe wie Mineralien und Vitamine anschließend besser vom Organismus verwertet werden können.

Die innere Wärme/Hitze beim Yoga entsteht, wie gesagt, durch die Koordination von Atemtechnik, fließenden Bewegungsabläufen und statischen Muskelanspannungen. Der Übende erlebt, wie sich Kraft, Konzentration und Ausdauer wechselseitig steigern und er genießt wohltuende Körperprozesse wie die Beruhigung der Nerven, die Ausscheidung von Giften aus Organen und Muskeln und die Verbesserung von Stoffwechsel und Sauerstoff- und Blutzirkulation. Wer Yoga praktiziert, fördert den Energiefluss im gesamten Körper, baut Stress ab, löst Verspannungen und wirkt insgesamt leichter, anmutiger

und irgendwie verjüngt. Wird dieses Training dann auch noch durch eine gesunde Ernährung ergänzt, ist es eine optimale Maßnahme, uns fit und gesund zu erhalten, unsere Immunabwehr zu stärken und dem Altern entgegenzuwirken (vgl. Vaya Sthapan, s. unten).

Yoga-Tipps:

- Üben Sie Yoga möglichst barfuß, damit die Zehen guten Halt haben und der Fuß die Unterlage spürt. Achten Sie auf die gleichmäßige Belastung der Füße. Und denken Sie daran, die Wirbelsäule gerade zu halten!
- Dehnen Sie Ihre Muskeln und Gelenke nur so weit, wie es Ihnen möglich ist.
- Atmen Sie während der Übungsausführung tief ein und aus, halten Sie auf keinen Fall die Luft an.
- Wiederholen Sie die Sequenzen sooft Sie mögen.
- Machen Sie sich zunächst mit den einzelnen Elementen des Sonnengrußes vertraut. Wenn Sie jede der Positionen beherrschen, führen Sie die gesamte Übung im Bewegungsfluss aus.
- Achten Sie darauf, dass der Blick immer der Richtung des Kopfes folgt.
- Beim Geradeausschauen wird ein Punkt gesucht, auf dem der Blick ruhen kann. Vermeiden Sie es, die Augen unruhig hin und her zu bewegen.
- Die Yoga-Asanas im Anschluss an den Sonnengruß sollten jeweils etwa 30 bis 60 Sekunden lang gehalten werden. Wiederholen Sie sie eventuell mehrmals hintereinander zur rechten und linken Seite.

Suryanamaskar: Der Sonnengruß

Der Sonnengruß, im Bewegungsfluss praktiziert, dauert etwa 90 Sekunden und sollte mindestens drei- bis fünfmal wiederholt werden. Wenn Sie möchten, können Sie ihn aber auch zehnmal oder noch häufiger ausführen, ideal wäre eine tägliche Übungsdauer von etwa 15 Minuten. Wer es eilig hat, kann sein Yoga-Training nach dem Sonnengruß beenden, denn diese wunderbare Sequenz ist ein komplettes, in sich geschlossenes Anti-Stress-Workout und hält Sie jung, fit und geistig rege! Wer danach noch weitermachen will, nutzt den Sonnengruß gleichzeitig zum Aufwärmen für die folgenden Yoga-Asanas, die Muskeln sind dann optimal gedehnt, die Gelenke vor Verletzungen geschützt.

1. Asana
Ausgangsstellung

Stehen Sie gerade.

Die Füße stehen parallel nebeneinander, das Körpergewicht liegt auf den Fußballen und auf der Ferse.

Die Arme liegen locker auf den Oberschenkeln, die Fingerspitzen sind leicht angespannt.

Die Schultern sind locker und entspannt, die Schulterblätter ein wenig zusammengezogen – dadurch weitet sich der Brustkorb, das Atemvolumen wird größer.

Nacken und Rücken bilden eine Gerade. Zur Verstärkung der Konzentration können Sie auch die Hände vor dem Brustkorb zusammenlegen.

2. Asana
Armstreckung

Einatmen, die Arme nach oben strecken, bis sich die Handflächen berühren.
Der Kopf liegt sanft im Nacken (nicht zu weit zurücklegen), der Blick geht nach oben.
Die Oberschenkelmuskeln sind angespannt.
Füße und Zehenspitzen stehen flach und entspannt auf dem Boden.
Halten Sie den Rücken gerade und spüren Sie die Streckung!

3. Asana
Fußfassen

Ausatmen.

Die Arme bei durchgestreckten Beinen nach unten führen, bis die Handflächen auf dem Boden aufliegen (oder Arme so weit wie möglich nach unten führen).

Der Kopf zeigt in Richtung Knie oder berührt die Knie (bei Knie- und Rückenproblemen die Knie leicht anwinkeln).

4. Asana
Liegestütz

Einatmen.

Den Kopf heben und den Rücken strecken.

Die Knie bleiben gestreckt oder gebeugt.

Ausatmen.

Gehen Sie in den Liegestütz, indem Sie die Füße zurücksetzen.

Den Oberkörper dabei gestrafft halten, das Gesäß anspannen, das Becken nicht nachschwingen lassen!

Die Ellenbogen liegen am Oberkörper an.

Oberkörper, Po und Beine über dem Boden schweben lassen, sich eventuell mit den Knien abstützen.

Nach vorne schauen.

Darauf achten, den Körper nicht zwischen den Schulterblättern durchhängen zu lassen.

5. Asana
Kobrastellung

Einatmen und den Oberkörper hochstemmen.
Dabei den Brustkorb dehnen.
Die Füße rollen über den Boden, die Fußsohlen zeigen nach oben.
Fußspitzen strecken.
Die Handflächen liegen auf dem Boden auf.
Legen Sie den Kopf leicht in den Nacken.
Das Gewicht ruht auf Händen und Füßen.
Oberkörper und Oberschenkel schweben über dem Boden (bei Rückenschmerzen die Beine auf den Boden auflegen).

6. Asana „Hinabschauender Hund“

Ausatmen.

Die Fußspitzen nach vorne ziehen.

Den Po hochstrecken und die Füße aufstellen (Abstand etwa Hüftbreite).

Die Handflächen gerade auf den Boden legen, dabei die Finger spreizen.

Den Kopf entspannt hängen lassen, die Augen blicken in Richtung Knie.

Die Fersen ruhen, wenn möglich, auf dem Boden.

Die Position halten und fünfmal aus- und einatmen.

7. Asana
Winkel

Einatmen.

Die Winkelpose einnehmen: Mit dem rechten Fuß nach vorne schreiten, das Knie dabei beugen, den linken Fuß schräg nach hinten stellen.

Die rechte Hand innen neben dem Fuß auf dem Boden ablegen, den Oberkörper seitwärts dehnen und die linke Hand gerade nach vorne strecken.

8. Asana
Liegestütz

Ausatmen. Die Pose auflösen.

Wieder in den Liegestütz sinken.

9. Asana
Kobrastellung

Einatmen.

Die Füße rollen über den Boden, die Fußsohlen zeigen wieder nach oben.

Die Handflächen liegen auf dem Boden auf.

Den Brustkorb dehnen.

10. Asana
„Hinabschauender Hund“

Ausatmen.
Die Fußspitzen nach vorne ziehen.
Den Po hochstrecken.
Die Füße hüftbreit auseinander aufstellen, die Handflächen gerade auf den Boden legen.

11. Asana
Winkel

Einatmen.
Wieder die Winkelpose einnehmen.
Mit dem linken Fuß nach vorne schreiten, den rechten Fuß schräg nach hinten stellen.
Den rechten Arm nach vorne strecken.
Die Körperseite dehnen.

12. Asana
Liegestütz

Ausatmen.

Wieder in den Liegestütz sinken.

13. Asana
Kobrastellung

Einatmen.

Den Oberkörper hochstemmen.

Die Fußspitzen zeigen nach oben.

14. Asana
„Hinabschauender Hund“

Ausatmen.

Den Po hochstrecken.

Die Füße auf dem Boden aufstellen.

15. Asana
Vorwärtsschreiten

Einatmen.

Nach vorne schreiten, die Füße dabei zwischen die Hände stellen.

Ausatmen, den Kopf zu den Knien ziehen.

16. Asana
Ausgangsstellung

Einatmen.

Zurück in die Ausgangsstellung gehen.

Ausatmen.

Gerade stehen.

Sich entspannen.

Gehaltene Asanas in Ruhe

Das Dreieck

Die Übung ist eine ausgezeichnete Dehnung für die Körperseiten und stärkt außerdem Lunge, Schulter, Brust und Beine. Auch die Durchblutung der inneren Organe wird verbessert.

Ausgangsstellung.
Einatmen.
Die Füße stehen etwa einen Meter weit auseinander.
Den rechten Fuß um 90 Grad nach außen drehen, den linken leicht nach innen anwinkeln.
Die Arme sind waagerecht seitwärts ausgestreckt.
Ausatmen.
Beugen Sie sich nun nach rechts, bis Daumen und Zeigefinger die große Zehe umfassen.
Den rechten Oberschenkel anspannen.

Den linken Arm gerade nach oben strecken. Der Kopf ist nach oben gerichtet, der Blick ruht auf der ausgestreckten Hand.
Atmen Sie fünfmal durch.
Einatmen.
Zur Mitte hochkommen.
Seitenwechsel und wieder fünfmal durchatmen.
Einatmen, sich aufrichten und zur Mitte kommen.

Der Baum

Die Übung fördert die Standfestigkeit und das innere Gleichgewicht.

Ausgangsstellung.
Einatmen.
Das rechte Bein anwinkeln und den rechten Fuß an die Innenseite des linken Oberschenkels stellen.
Ausatmen. Nach vorne schauen.
Einatmen.
Die Arme heben und gestreckt über dem Kopf zusammenführen.
Die Handflächen liegen aneinander.
Fünf Atemzüge machen.
Das Gleichgewicht halten.
Ausatmen.
Die Position lösen.
Gerade stehen.
Die Übung mit dem anderen Bein wiederholen und fünf Atemzüge lang in der Position verweilen.
Ausatmen und gerade stehen.

Der Vierfüßlerstand

Die Übung massiert und energetisiert die inneren Organe. Der Rücken wird gestärkt, das Becken besser durchblutet und Beschwerden im Urogenitalbereich können gelindert werden. Sie fühlen sich anschließend frisch und klar.

Gehen Sie in den Vierfüßlerstand: Die Knie und Unterschenkel liegen auf dem Boden auf (rechter Winkel zwischen Ober- und Unterschenkel), die Arme sind auf dem Boden aufgestützt.

Einatmen.

Legen Sie den Kopf leicht in den Nacken und lassen Sie die Wirbelsäule ein-

sinken. Ziehen Sie den Po dabei nach oben und halten Sie die Schultern gerade.

Ausatmen.

Strecken Sie die Wirbelsäule nun langsam und machen Sie einen Buckel.

Dehnen Sie sich in den Buckel hinein, bis der Rücken ganz rund wird.

Den Kopf entspannt hängen lassen.

Einatmen.

Den Rücken entspannen.

Ausatmen.

Setzen Sie sich auf die Unterschenkel und strecken Sie sich.

Fünf Atemzüge lang in dieser Haltung verweilen.

Dann ein Bein nach dem anderen nach vorne führen, bis Sie auf dem Po sitzen.

Der Lotus

Die Übung fördert die innere Harmonie und Ruhe. Durch jede Körperzelle fließt Energie – Sie fühlen sich anschließend leicht und gelassen!

Einatmen.
Den Schneidersitz einnehmen.

Die Hände liegen auf den Knien oder im Schoß.
Die Wirbelsäule dehnen.
Den Brustkorb weiten.
Die Schultern sind entspannt.
Das Kinn ist leicht nach unten gezogen.
Die Augen sind halb geschlossen.
Ausatmen.
Suchen Sie sich einen Punkt auf dem Boden und fixieren Sie ihn.
So lange wie gewünscht in der Position verweilen.
Sich anschließend hinlegen und entspannt ausruhen.

Pranayama: Atemübungen zur Harmonisierung des Nervensystems

Im Yoga gilt der Atem als der wichtigste Aspekt, denn erst durch das tiefe Luftholen entfaltet sich die ganze wohltuende Wirkung der Übungen. Die Organe und Gefäße werden durch die vermehrte Sauerstoffaufnahme und den durch die Bewegung angekurbelten Stoffwechsel regelrecht „massiert" und mit frischem Blut versorgt. Der Kopf wird klar, die Sinne werden angeregt und die Nerven reagieren sensibler auf Reize.

Der Energiefluss und die innere Hitze werden im Yoga durch Konzentration erreicht. Konzentration bedeutet hier eine Fokussierung der Körpervorgänge und eine verbesserte Selbstwahrnehmung. Sie stimuliert unter anderem die Funktionen des vegetativen Nervensystems, den Herzrhythmus und die Muskeltätigkeit. Um die Konzentration aufzubauen, ist bewusstes Atmen unerlässlich.

Den Atem zu kontrollieren bedeutet auch, Kontrolle über den Geist zu gewinnen! Das Atemgeräusch fungiert dabei – ganz ähnlich wie in der Meditation das Mantra – als eine Art Anker für unsere Aufmerksamkeit, der uns vor Abschweifung in störende Gedanken und Sorgen schützt: Wenn der Geist beruhigt und gelenkt ist, sind wir weniger anfällig für Stimmungsschwankungen!

Gezielte Atemübungen helfen uns dabei, die Reinigungsprozesse in Körper und Geist zu intensivieren sowie die linke und die rechte Gehirnhälfte in Harmonie zu bringen. Das Einatmen durch das rechte Nasenloch und das Ausatmen durch das linke aktiviert und stimuliert, das Einatmen durch das linke und das Ausatmen durch das rechte Nasenloch beruhigt und wirkt ausgleichend.

Praktizieren Sie Pranayama bitte nicht vor dem Yoga-Training, sondern danach oder unabhängig davon. Die Übungen werden am besten im Sitzen ausgeführt. Falls Sie Probleme haben, längere Zeit auf dem Boden zu sitzen, nehmen Sie sich einen Stuhl oder stellen Sie sich hin. Wichtig ist, dass die Wirbelsäule gerade bleibt! Versuchen Sie, ein großes und weiches Atemmuster zu entwickeln. Dann kommt der Geist zur Ruhe und Ihre Emotionen stabilisieren sich. Die alten Yoga-Meister glaubten, das Auf und Ab der Gefühle über den kontrollierten Atemstrom, den man durch die Nasenlöcher fließen lässt, steuern zu können.

Tipp

Es ist sehr wichtig, dass Sie einen Atemrhythmus finden, der zu Ihnen passt. Gerade wenn Sie Anfänger/in sind, empfehle ich Ihnen, einen erfahrenen Yoga-Lehrer zu konsultieren! Er hilft Ihnen bei der Suche nach Ihrem persönlichen Atemmuster und gibt Ihnen die Sicherheit, dass Sie sich nicht überlasten oder ohne äußeren Halt an Ihre Grenzen stoßen.

Pranayama-Übung

Üben Sie das Atmen so lange, bis Sie bewusst (!) Ihren Rhythmus finden und wahrnehmen können. Hier sind einige Beispiele für die mögliche Dauer des Ein- und Ausatmens aufgeführt. Die Ziffern stehen dabei für Sekunden:

Einatmen (8) – Atempause (0) – Ausatmen (8) – Atempause (0)
oder
8 – 0 – 12 – 0
oder
7 – 1 – 7 – 1 und so weiter.

Wenn Sie sich nicht sicher sind, welches Atemmuster Sie wählen sollen, dann versuchen Sie es doch erst mal mit
5 – 1 – 7 – 1.
Das ist ein einfacher, unkomplizierter Rhythmus. Halten Sie die Luft nach dem Einatmen anfangs jedoch nicht zu lange an! Wenn Sie Ihr persönliches Atemmuster festgelegt haben, können Sie mit der Pranayama-Übung beginnen:

Sitzen Sie entspannt und ruhig im Schneider- oder Lotussitz (oder auf einem Stuhl).
Der rechte Daumen liegt auf dem rechten Nasenflügel.
Die Wirbelsäule ist gerade.
Die freie Hand liegt entspannt auf dem Knie.
Das Kinn ist leicht nach unten gezogen.
Einatmen.
Das rechte Nasenloch ist durch den sanften Druck des Daumens geschlossen.
Wir atmen langsam durch das freie Nasenloch, der Atem umkreist dabei die Wirbelsäule abwärts bis zu ihrer Basis (z. B. 5).

Tipp
Üben Sie etwa fünf bis zehn Minuten. Zur Förderung der inneren Ruhe und Ausgeglichenheit die Übung bitte im Anschluss genau umgekehrt (also erst links, dann rechts zuhalten) ausführen! Mit Pranayama schaffen Sie optimale Voraussetzungen für das Meditieren. Lassen Sie es einfach geschehen, dass Ihr Geist ganz leer wird – die Nerven können sich dabei wunderbar beruhigen!

Verweilen Sie dort kurz (z. B. 1).
Ausatmen (z. B. 7).
Der Daumen hält nun das linke Nasenloch zu.
Der Atem kreist um die Wirbelsäule nach oben.
Legen Sie eine kurze Atempause ein (z. B. 1).
Beginnen Sie dann wieder von vorne.

Mit Meditation gelassener werden

Wenn der Stress in den Hintergrund tritt und Sie die Dinge konzentriert und aus vollem Herzen heraus tun, wenn Sie ganz in das Geschehen versunken sind, dann erfahren Sie eine tiefe Ruhe fernab der alltäglichen Dringlichkeiten.

Das Wesentliche wahrnehmen, sich gelassen fühlen, mit allem verbunden und im Einklang sein – nichts anderes ist Meditation, eine jahrtausendealte fernöstliche Übungspraxis der geistigen Stille. Inzwischen hat auch die westliche Medizin erkannt, dass Meditation sehr positiv auf Körper und Geist wirkt. Die Kunst der Versenkung erhält nicht nur die Gesundheit, sondern fördert auch Konzentration und Aufmerksamkeit.

In den USA werden meditative Techniken bereits in vielen Kliniken ergänzend zur medizinischen Behandlung eingesetzt. Sehr gute Ergebnisse erzielte man unter anderem bei Bluthochdruck, in der Herzinfarkt-Nachsorge, bei Migräne, Rückenschmerzen, Burn-out-Syndromen, in der Krebstherapie und bei Angststörungen. Meditation ist ein Zustand, den jeder kennt, und er funktioniert, entgegen der landläufigen Meinung, auch ohne jegliches Glaubensbekenntnis. Wenn wir meditieren, holen wir uns ins Hier und Jetzt, können Unverarbeitetes loslassen, relaxen intensiv und genießen den Augenblick. Muskelverspannungen lösen sich, der Pegel an Stresshormonen sinkt und der gesamte Organismus wird besser durchblutet. Wir finden Distanz zu Chaos und Druck, die innere Ruhe bringt uns Klarheit und unsere aufgewühlten Gefühle werden besänftigt. Mit einem Wort: Körper, Geist und Seele kommen in Einklang.

Allerdings ist es gar nicht so leicht, abzuschalten und an nichts zu denken. In diesen modernen Zeiten, die geprägt sind von Hektik und Aktionismus, fällt vielen Menschen das untätige, regungslose Verharren enorm schwer. Sobald wir versuchen, uns einfach mal hinzusetzen und ruhig zu werden, stoßen wir auf erstaunliche innere Widerstände und uns fallen oft ganz banale Dinge ein, die wir mit unserem Leben verbinden und denen wir nachhängen.

Meditationsübungen sind in vielen Kulturen, Gesellschaften und Religionen verwurzelt. Wissenschaftler stellten fest, dass sich mit ihrer Hilfe sogar Alterungsprozesse umkehren lassen. Ferner wird das Immunsystem gestärkt, Stress abgebaut, das Nervenkostüm beruhigt sowie eine hohe Synchronisation der Gehirnaktivität erzielt, also eine Harmonie der rechten und linken Gehirnareale. Dies ist anscheinend eine wichtige Voraussetzung für unsere Zellregeneration, aber auch für die Freisetzung von Kreativität und geistigen Impulsen.

Das Ziel der Meditation ist es, in den Zustand „reiner Stille" einzutauchen. Indem wir uns hineinbegeben in die tiefsten Bereiche des Bewusstseins, überschreiten und transzendieren wir die Ebene der Gedanken. Wer unter Kopfschmerzen, Schlafstörungen, Bluthochdruck, inneren Spannungen, Depressionen, Ängsten oder Muskelproblemen leidet, kann in besonderer Weise von Meditationstechniken profitieren.

Zum Ausüben der Meditation wird geraten, sich zweimal täglich (morgens und abends) etwa 15 bis 20 Minuten lang dem „ursprünglichen Ruhezustand des Geistes" zu widmen und so das gesamte Nervensystem zu entspannen. Dadurch wächst nicht nur die persönliche Gelassenheit, sondern angeblich auch die Chance für den Frieden: Würde nur ein Prozent der Weltbevölkerung täglich meditieren, so eine These der Verfechter der Transzendentalen Meditation, könnten negative Energien auf unserem Planeten günstig beeinflusst oder in positive transformiert werden.
Diese Aussage wurde mit in den USA gewonnenen Versuchsergebnissen untermauert. So verringerte sich zum Beispiel in einer Region, in der aktiv meditiert wurde, die Anzahl der Verkehrsunfälle signifikant! Ein deutlicher Hinweis auf die ausgeglichenere Grundhaltung der Probanden.

Möchten Sie meditieren, sollten Sie sich von einem erfahrenen Lehrer eine Einführung in eine der vielen Meditationstechniken geben lassen. Ihr Lehrer gibt Ihnen z. B. ein sogenanntes „Mantra“, etwa eine Silbenfolge ohne inhaltliche Bedeutung. Bei der Mantra-Meditation werden bestimmte Silben oder Wörter unablässig wiederholt. In manchen Kulturen geht man davon aus, dass die durch das Rezitieren entstehenden Klangwellen eine gewisse Kraft entwickeln. Dieses Phänomen ist auch aus der Musik bekannt, wo durch Klänge verschiedene geistige und emotionale Zustände oder Qualitäten erzeugt werden. Spezielle Wörter ohne konkrete Assoziationen können die Funktion eines Mantras übernehmen. Dieses Mantra wirkt dann beruhigend auf den Geist und hält den Meditierenden wach. Es ist eine Art „Vehikel“, um sich leichter fallen lassen beziehungsweise an etwas festhalten zu können – auf diese Weise wird der Ablenkung durch hinderliche Gedanken vorgebeugt.

Grenzen transzendieren

Nehmen Sie sich regelmäßig Zeit für eine erholsame meditative Pause. Körper, Geist und Seele werden es Ihnen danken. Suchen Sie sich hierfür einen ruhigen Platz in Ihrer Wohnung oder draußen in der Natur – Hauptsache, Sie werden nicht gestört.

Setzen Sie sich bequem hin und achten Sie darauf, dass Sie frei atmen können. Die Wirbelsäule sollte möglichst gerade sein und das Kinn leicht nach unten gezogen, sodass Rücken und Kopf eine Linie bilden. Es ist nicht nötig, im Lotussitz oder mit gekreuzten Beinen auf dem Boden zu sitzen, genauso gut eignet sich die Position auf einem Stuhl. Wer partout nicht sitzen mag, kann sich auch hinlegen.

Durch die Konzentration auf die innere Stille entspannt sich der Geist. Bleiben Sie jedoch innerlich wach und aufmerksam. Versuchen Sie, während der Meditation nicht einzuschlafen, sondern ganz einfach die Gedanken an sich vorbeiziehen zu lassen, ohne sie zu bewerten oder ihnen nachzuhängen. Ärgern Sie sich nicht, wenn es Ihnen anfangs nicht gelingen will, nichts zu denken! Machen Sie sich keinen Druck – es ist wichtiger, dass Sie ruhig werden und bereit sind abzuschalten.

Atmen Sie so natürlich wie möglich. Konzentrieren Sie sich auf regelmäßiges und tiefes Ein- und Ausatmen. Stellen Sie sich vor, dass die Luft beim Einatmen als kühler Hauch an der Wirbelsäule entlang hinab zum Steißbein fließt und beim Ausatmen als warmer Hauch wieder nach oben durch die Nase nach außen tritt.

Lassen Sie sich Zeit, wieder bei sich selbst anzukommen, wenn Sie die Meditation beenden. Spüren Sie Ihren Körper, strecken Sie sich und schütteln Sie Arme und Beine kurz aus. Sie sind jetzt ganz klar und ruhig und haben den Kopf frei für neue Ideen und Inspirationen. Sie sehen allen Geschehnissen ein wenig gelassener entgegen!

Pflegezeremonien für zu Hause

Die Reinigung und Pflege des Körpers hat im Ayurveda einen sehr hohen Stellenwert, denn die entsprechenden Handlungen werden als unerlässlich für die Prävention von Krankheiten angesehen. Die wichtigsten Praktiken sollen im Folgenden kurz beschrieben werden, sodass Sie sich Ihre eigene und die zu Ihrem Lebensrhythmus passende Palette an Schönheitsritualen zusammenstellen können.

Vorab möchte ich allerdings darauf hinweisen, dass Schönheit im ayurvedischen Sinn vor allem mit Ausstrahlung zu tun hat, also mit der unwiderstehlichen Kombination aus Sinnlichkeit und geistiger Stärke! Kein Chirurg kann dies herbeizaubern, so sehr er auch an irgendwelchen Fältchen oder Pölsterchen herumdoktern und -schneiden mag. Wenn Sie jedoch ein Gespür entwickeln für Ihre tiefsten Bedürfnisse und sich mit dem „wahren Wesen" Ihres Selbst harmonisch verbinden, dann aktivieren Sie Ihre Herzensintelligenz und sind im Einklang mit sich und Ihren Gefühlen. Die wirklich wichtigen Eckpfeiler Ihrer Schönheit sind innere Gelassenheit und körperliches Wohlempfinden – und dazu verhelfen Ihnen Yoga, Meditation, gute Ernährung und gesunde Lebensgewohnheiten wesentlich effektiver als jedes Skalpell.

Die Reinigung der Organe erhält deren Funktionstüchtigkeit bis ins hohe Alter. Handeln Sie also jetzt, nicht erst morgen! Sorgen Sie liebevoll für sich und geben Sie Ihrem Körper das, was er braucht. Kümmern Sie sich um die Erhaltung Ihrer Energie, bevor Krankheiten Sie beeinträchtigen. Nur so stellen Sie sicher, dass Sie auch in vielen, vielen Jahren noch fit und vital sind.

Aromatherapie und Musik

Wohlriechende natürliche ätherische Öle wirken sich positiv auf unser Gehirn und damit auf unsere Stimmung aus. Die verschiedenen Düfte haben unterschiedliche Effekte, aber alle wecken unsere Sinne und sensibilisieren uns für feinstoffliche Energien. Nicht nur in indischen, sondern auch in russischen Kliniken wurden Duftstoffe traditionell für Heilzwecke genutzt, auch die alten Sufis (islamische Mystiker) kannten die Geheimnisse ihrer Wirkkraft.

Verwenden Sie zu Hause Zitrusaromen (z. B. Bergamotte, Mandarine, Zitrone) zur Anregung und Vitalisierung, weiche Duftnoten (z. B. Neroli, Ylang-Ylang, Jasmin) zur sinnlichen Stimulierung und Kräuteraromen (z. B. Zimt und Gräser) zur Beruhigung.

Auch Musik spricht zu unserer Seele. In Indien werden bei ayurvedischen Behandlungen leise Klänge von Trommel- und Saiteninstrumenten eingesetzt, um eine tiefe Entspannung herbeizuführen und den Geist für andere Dimensionen zu öffnen. Klassische Musik und „ambient music" sind ebenfalls sehr gut geeignet, uns in neue Sphären zu führen – selbst Pflanzen wachsen unter diesem musikalischen Einfluss besser.

Die positive Beeinflussung des Schmerzempfindens ist ein weiterer Vorteil der wohltuenden Klänge, so können damit zum Beispiel im Kreißsaal sehr gute therapeutische Erfolge erzielt werden. Die Schwingungen der Musik erreichen unsere Zellen und bringen diese zum Vibrieren. Auf diese Weise können uns Botschaften erreichen, die jenseits der verbalen Vermittelbarkeit liegen und unsere unbewussten Seelenschichten als Adressaten haben. Finden Sie für Ihre Ayurveda-Behandlungen zu Hause Ihre ganz persönliche Lieblingsklangwelt und geben Sie sich Ihren Träumen hin.

Heißwasser-Trinkkur

Beginnen Sie den Tag mit ein oder zwei Gläsern heißem Wasser von bester Qualität. Einige Wasserfilter (z. B. von Multipure) ergeben Trinkwasser in Quellwassergüte. Außerdem sparen Sie damit Geld, brauchen keine schweren Kisten mehr zu schleppen – und das Wasser schmeckt einfach hervorragend.

Das Trinken vor den Mahlzeiten dämpft übermäßiges Hungergefühl und es beruhigt und stabilisiert nervöse und gestresste Menschen. Auch das Hautbild kann so verbessert werden. Sie benötigen etwa zwei bis drei Liter Wasser, das Sie regelmäßig und in kleinen Schlückchen über den Tag verteilt zu sich nehmen. Mit frischem Ingwer oder einer Prise Ingwerpulver angereichert, regt es die Verdauungsaktivität an und reinigt von Verschlackungen. Kochen Sie das Wasser vor Gebrauch ungefähr zehn Minuten lang, dadurch wird es leicht süßlich und entfaltet eine Vata-beruhigende Wirkung.

Mundreinigung

Spülen Sie nach jeder Mahlzeit Ihren Mund aus und kauen Sie zwischendurch öfter mal etwas Kardamom oder Gewürznelke. So schützen Sie sich vor Schädigungen durch den allgegenwärtigen Zucker und erfrischen gleichzeitig den Atem.

Schaben Sie morgens und abends Ihre Zunge mit einem Löffel oder auch mit einem speziellen Spatel ab, damit Beläge und Ablagerungen an der Zungenwurzel verschwinden. Anschließend gründlich nachspülen. Diese Prozedur hilft gegen Mund- und Halsinfektionen und lindert sogar die Auswirkungen des Rauchens.

Auch Mundspülungen mit Sesamöl (Gandusha) sollen die Mundflora kräftigen, das Zahnfleisch stärken und die Widerstandskraft gegen Bakterien und Viren erhöhen. Dazu wird ein Esslöffel Sesamöl drei Minuten lang durch die Zähne gezogen und gesogen.

Aber Vorsicht, die dann im Mund gelösten Toxine sind sehr giftig und dürfen auf gar keinen Fall hinuntergeschluckt werden. Daher anschließend den Mund kräftig ausspülen und die Zunge nochmals reinigen.

Jal Neti oder Nasenspülungen

Die feinen Nasenhärchen wirken wie ein Filter, der unsere Atemwege vor verschmutzter Luft schützt. Damit die Nasenwege sauber und funktionsfähig bleiben, sollten Sie die Nase täglich mit warmem Wasser spülen. Geben Sie hierfür eine Prise Emser Salz (Apotheke, Reformhaus) in eine sogenannte Nasendusche. Dieses speziell für diesen Zweck entwickelte Gefäß hat eine längliche, schnabelähnliche Öffnung, die jeweils in das linke oder rechte Nasenloch eingeführt wird. Legen Sie den Kopf zur Seite und ziehen Sie das salzhaltige Wasser kräftig ein: Schmutz und Nasenschleim werden entfernt, Sie beugen Nasennebenhöhlenentzündungen vor und bewahren die empfindlichen Schleimhäute vor Austrocknung (z. B. durch Heizungsluft und Klimaanlagen). Nach der Spülung reiben Sie einige Tropfen Sesamöl in die Nasenwände ein.

Abhyanga oder Einölen der Haut

Ein besonders geschätztes Ritual ayurvedischer Körperpflege ist das Einölen der Haut. Das zuvor erwärmte Öl wirkt sehr wohltuend, gleichzeitig werden Stoffwechsel und Kreislauf angeregt. Nehmen Sie sich für dieses liebevolle Verwöhnprogramm etwas Zeit, am besten 15 bis 20 Minuten. Wenn Sie möchten, können Sie vor dem Einölen die Blutzirkulation durch sanftes Rub-

beln mit einem Seidenhandschuh in Schwung bringen.

Von innen heraus strahlende Haut entsteht vor allem durch gründliche Reinigung, doch normale Seife entzieht ihr Feuchtigkeit und selbst rückfettende oder ölhaltige Waschpräparate können dies nicht ganz verhindern. Ölen Sie sich deshalb also vor dem Duschen oder Baden ein und verzichten Sie auf allzu heiße Wassertemperaturen.

Gönnen Sie dem ganzen Körper eine regelmäßige Ölpflege, Sesam- und Kokosnussöl sind hierfür besonders geeignet. Denken Sie auch an die Ohren, die Kopfhaut (mindestens einmal wöchentlich), die äußeren Geschlechtsorgane und den Bauchnabel, diesen Partien bekommt die Ölung ganz besonders gut. Reiben Sie fest mit den Händen oder einer weichen Bürste über die gesamte Haut. Duschen Sie danach mit einer Seife (z. B. mit Sandelholzextrakt), nehmen Sie jedoch keine Duschgels oder Flüssigseifen, da sie Vata ansteigen lassen und die Haut stark austrocknen. Zur Reinigung des Gesichts eignet sich Mandelpulver. Genießen Sie, wie Ihr Körper nach dieser Behandlung seidig weich und verführerisch glänzt!

Innere Reinigung

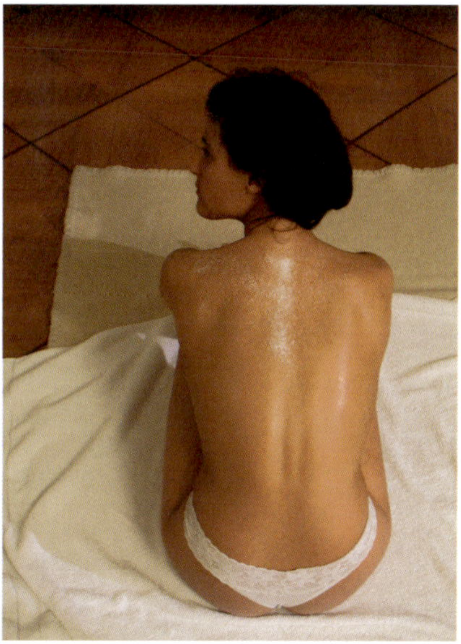

Innere Reinigungskuren durch Schwitzen (Sauna, Dampfbad), milde Einläufe oder die Einnahme von flüssigem, warmem Ghee (wie beim Panchakarma) vermindern Vata und Pitta. Dabei werden Giftstoffe entfernt, die Poren gründlich gereinigt, Unruhe und Schlafstörungen reduziert (Vata!) und im Dickdarm angesammeltes Kapha ausgespült. Sogar aufkeimende Krankheiten lassen sich eventuell noch ganz abwehren oder wenigstens mildern.

Die meisten von uns haben Berührungsängste, wenn es um das Thema Einlauf geht. Ich möchte Ihnen jedoch empfehlen, Ihre Abneigung einfach einmal zu überwinden und die wohltuende Wirkung dieser Reinigungsmethode auf Ihren Körper, aber auch auf Ihre Stimmung unvoreingenommen zu testen. Das Verfahren ist völlig unkompliziert! Zunächst lässt man Wasser in ein (gereinigtes) Waschbecken laufen. Stehen Sie entspannt aufrecht, vielleicht den einen Fuß etwas höher gestellt (z. B. auf dem Badewannenrand oder auf einem Hocker abgestützt). Der Einlaufschlauch hat eine Spitze, die sanft in den After eingeführt wird, sodass Sie jetzt warmes (Vata-vermindernd) oder kaltes (Kapha-reduzierend) Wasser in den Darm einbringen können. Das stumpfe Ende des sogenannten Klistiers verbleibt dabei im Wasser. Nun drücken Sie mehrere Male kräftig das runde Mittelstück zusammen und pumpen so das Wasser in den Darm (ein Heilpraktiker oder Arzt gibt Ihnen gerne weitere Auskünfte). Sie müssen das Wasser jetzt nicht etwa lange im Darm behalten, sondern können sich gleich entleeren oder aber zehn Minuten warten – ganz nach Wunsch und eigenem Körperempfinden. Und keine Angst: Die Entleerung funktioniert völlig kontrolliert, schmerzt nicht und tut richtig gut. Ruhen Sie sich danach einige Minuten aus.

Der Einlauf wird in der ayurvedischen Medizin als hochwirksame Therapie und ausgezeichnete Altersprophylaxe betrachtet: Er hilft, an den Darmwänden festsitzendes Mala zu lösen, reinigt das Blut und die Schleimhautzellen und fördert die Sekret abscheidenden und schützenden Funktionen der Schleimhaut. Sie werden verblüfft sein, wie wohl Sie sich nach dieser einfachen Anwendung fühlen. Ein Einlauf pro Woche genügt, in Zeiten von Krankheit und Fieber sollten Sie jedoch darauf verzichten. Spezielle Zusätze wie Kräuter oder Honig sprechen Sie am besten mit einem ayurvedischen Arzt ab.

Massagen

Mit Ölungen und sanften Massagen in stiller Atmosphäre oder lediglich begleitet von angenehmen, ruhigen Klängen entdecken Sie Ihren Körper neu, beleben die zahllosen Sensoren Ihrer Haut und können sich für innere Botschaften öffnen, die im Alltagsstress und in der Hektik unseres westlichen Lebensstils häufig zu kurz kommen oder völlig verloren gehen. Diese genussvollen Rituale sind in der Lage, Ihnen das vergessene positive Lebensgefühl zurückzubringen: Es ist schön, zu leben und sich „ganz“ zu fühlen.

Streichen Sie immer behutsam, konzentriert und mit liebevoller Aufmerksamkeit über die Haut, vergessen Sie Ohren, Kopfhaut und Füße nicht. Jeder Zentimeter saugt sich voll Öl und schon bald kräftigt pures Glücksgefühl den Körper und regt die Blutzirkulation an. Das intensive Relaxen ermöglicht einen neuen Zugang zu den tieferen Schichten Ihrer Seele. Sie werden innerlich wach und zugleich gelassen, erleben Vertrauen und Zuversicht und ruhen ganz einfach in Ihrer Mitte. Auf diese Weise können Sie auch in Ihnen verborgenes Wissen aktivieren und emotionale Erinnerungen lösen, die in den Zellen verspannter Muskeln und schmerzender Körperpartien gespeichert sind – Sie reinigen Ihr Tiefengewebe und nähren, erneuern und verjüngen Ihre Sinne.

Berührungen von Haut und Seele durch wohltuende Massagen nehmen eine herausragende Stellung im Ayurveda ein. Sie können dabei selbst den Körper von Kopf bis Fuß durchkneten oder sich von Ihrem Partner oder Ihrer Partnerin massieren lassen – oder sich natürlich an

einen erfahrenen Ayurveda-Therapeuten wenden. In Indien sind Massagen übrigens Familientradition und schon Babys werden auf diese Weise verwöhnt.

Grundsätzlich unterscheidet man vier Methoden: die Kopfmassage, die Fußmassage, die Druckmassage und die Ölmassage. Folgen Sie bei allen Anwendungen Ihrer Intuition, üben Sie zum Beispiel bei der Druckmassage nur leichten Druck vom Kopf in Richtung Zehenspitzen aus, ziehen Sie vorsichtig die Gelenke „auseinander" und streichen Sie mit kreisenden Bewegungen über den Bauch. Gehen Sie behutsam vor, jedoch nicht zaghaft – es handelt sich hier nicht um komplizierte Techniken, sondern vielmehr um das einfache Lösen energetischer Blockaden mit sanften Mitteln. Die sehr angenehmen Ölmassagen wirken außerdem entschlackend und entgiftend und reduzieren optimal Vata und Ama.

Wenn Sie eine Massage durchführen möchten, tragen Sie zunächst das Öl üppig auf den Körper auf und verstreichen es gründlich. Beginnen Sie nun mit der Körpermitte zwischen Bauch und Brust in der Region des Solarplexus (Sitz des „Körperfeuers") und kneten Sie diese Partie gut durch. Jetzt kommen Unterbauch, Brust, Schultern und Arme an die Reihe. Lassen Sie sich Zeit und spüren Sie in verspannte Stellen hinein. Atmen Sie während der Massagebewegungen immer tief ein und aus. Vergessen Sie die Hand- und Fingergelenke nicht, jeder einzelne Finger mit seinen Gliedern und der Kuppe soll in den Genuss der Berührung kommen! Anschließend werden Beine und Füße mit langen Streichbewegungen intensiv behandelt und gedehnt. Wer nicht selbst tätig ist, sondern sich verwöhnen lässt, dreht sich nun auf den Bauch: Die Wirbelsäule wird mit von unten nach oben kreisenden Bewegungen in beiden Richtungen etwa zehn Minuten lang durchmassiert. Anschließend drehen Sie sich wieder auf den Rücken. Jetzt wird die Stirn massiert, die Schläfen werden leicht und sanft gestreichelt.

Tipp

Bleiben Sie nach der Massage noch ein wenig liegen, am besten warm eingehüllt in eine kuschelige Decke. Freuen Sie sich über die Ruhe und Ihr gutes Körpergefühl. Vielleicht möchten Sie sich dann noch ein warmes Blütenbad gönnen. Schauen Sie in den Spiegel und nehmen Sie sich die Zeit, sich ausgiebig zu betrachten. Erkennen Sie Ihre Schönheit!

Die Panchakarma-Kur: Reinigung und Verjüngung für Körper, Geist und Seele

Panchakarma heißt so viel wie „fünf Handlungen“. Kern des Konzepts sind reinigende Behandlungen, wobei zunächst in einer Vorbereitungsphase die Doshas und die damit verbundenen Stoffwechselschlacken im Gewebe aktiviert werden. Erinnern Sie sich noch an die weiter oben geschilderte ayurvedische Auffassung von der Krankheitsentstehung? Die Schritte waren: Dosha-Ansammlung, Dosha-Anregung, Dosha-Ausbreitung, Dosha-Ablagerung in verschiedenen Geweben, dann Krankheitsausbruch und schließlich der Übergang in chronische Verlaufsformen.

Panchakarma setzt bei der Reduzierung der Dosha-Konzentration und der davon produzierten Toxine an. Die Therapie ist nicht einheitlich, sondern wird auf die jeweiligen Bedürfnisse des zu Behandelnden zugeschnitten. Auch die Dauer der Kur variiert von Fall zu Fall, sie kann sieben Tage, aber auch drei Wochen in Anspruch nehmen. Durchgeführt wird Panchakarma stationär oder ambulant – aber immer unter Aufsicht eines erfahrenen Arztes. Angezeigt ist dieses recht aufwendige Programm bei Stress, Übersäuerung, Nasennebenhöhleninfekten, Stoffwechselstörungen, Alterserscheinungen, rheumatischen Beschwerden, vegetativen Störungen, Herz-

Kreislauf-Erkrankungen, Kopfschmerzen und Schlafstörungen. Am Ende der Kur soll die vollständige Regeneration und Umstellung des Organismus erreicht sein.

Die Aktivierung der Schlacken wird im Ayurveda vor allem durch ölige Substanzen, die innerlich und äußerlich zugeführt werden, erreicht. Bei der inneren Anwendung muss man morgens warmes Ghee auf nüchternen Magen zu sich nehmen – es soll tief in die Zellen eindringen und dort die gestörten Doshas lösen. Fettlösliche Gewebeablagerungen (Cholesterin, Kalk etc.) werden mobilisiert und können anschließend entfernt werden.

Die äußeren Anwendungen bestehen meist aus Ölmassagen durch geschulte Therapeuten. Hierbei geht es um die Anregung des Stoffwechsels in den Muskeln und im Gewebe. Mit Hilfe von Schwitzkuren und anderen Verfahren lässt man die gelösten Toxine dann über Haut und Schleimhäute nach außen dringen. Die Ausscheidung der angesammelten Doshas und damit die eigentliche innere Reinigung erfolgt allerdings hauptsächlich über den Darm. Zur Unterstützung werden sanfte Abführmittel, Kräutereinläufe oder Öleinläufe gegeben.

Panchakarma ist sehr effektiv und kommt auch bei der Therapie chronischer Erkrankungen zum Einsatz. Die wichtigsten Behandlungen dieser Kur möchte ich Ihnen im Folgenden kurz vorstellen.

Synchron-Abhyanga

Einreibung und Massage mit Öl durch zwei synchron arbeitende Therapeuten. Verwendet werden spezielle Kräutermixturen, die individuell auf den Patienten abgestimmt sind. Die entstehende Entspannung und die positiven Einflüsse von Stille und Berührung lassen sich kaum beschreiben – man muss diese extrem wohltuende und heilsame Wirkung einfach erleben. Die stärkere Form mit intensiverem Druck heißt Vishesh.

Udvarthana

Abreibung des Körpers mit Öl und Getreide zur Anregung des Zell- und Organstoffwechsels, zur Belebung, Reinigung und Entgiftung.

Pizzichilli

Der „Königsguss" ist ein Ganzkörperölguss mit warmem Kräuteröl und gleichzeitiger Massage, die von zwei Therapeuten synchron ausgeführt wird. Diese Behandlung dient der gezielten Tiefenentspannung sowie der besonders intensiven Aktivierung des Stoffwechsels.

Shirobasti

Das Ölbad für den Kopf harmonisiert die Psyche und bringt aufgewühlte Emotionen spontan wieder in Balance.

Shirodhara

Hier fließt warmes Öl als gezielter Strahl auf die Stirnmitte. Dieser wunderbare Stirnguss beruhigt das Nervensystem und hilft bei Erschöpfungszuständen, ist ein richtiger Stresskiller und ein sehr

wirksames Anti-Aging-Mittel. Nicht selten fühlt man sich schon während der Behandlung losgelöst und innerlich ausgeglichen.

Svedana

Im Anschluss an eine Ölanwendung wird der Patient in eine Art Schwitzkasten gesteckt (der Kopf bleibt draußen), sodass die im Blut gelösten Toxine ausgeschwitzt werden können.

Nasya

Diese umfangreiche und zeitintensive Behandlung besteht aus einer Kopf-Nacken-Schulter-Massage, einem Kopf-Dampfbad mit Kräutern, verschiedenen Ölanwendungen für die Nase sowie feuchtwarmen Kompressen. Sie ist hervorragend geeignet zur Therapie von Hals-, Nasen- und Ohrenerkrankungen.

Virechana

Ausleitung der in vorangegangenen Behandlungen gelösten Stoffwechselgifte mit Hilfe von Abführmitteln.

Basti

Therapeutisch wirksame und beruhigende Einläufe im Anschluss an andere Behandlungen. Sie spielen im Pancha-

karma eine wesentliche Rolle, da sie helfen, die Doshas wieder in Balance zu bringen und die inneren Heilkräfte durch verbessertes Wohlbefinden anzuregen.

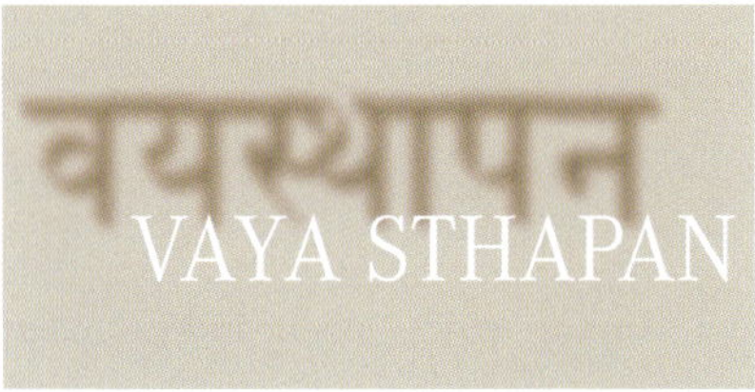

Vaya Sthapan®: Die ayurvedische Kunst des Älterwerdens ohne zu altern

In zweijähriger Forschungsarbeit und beruhend auf dem Ayurveda, wurde von den Ärzten des Parkschlösschens und einem Team von Spezialisten der Universität Heidelberg das Konzept „Vaya Sthapan®" entwickelt, was in der ayurvedischen Ursprache, dem Sanskrit, soviel bedeutet wie „Bewahre dein Alter". Meines Erachtens kommt diesem überaus umfassenden, ganzheitlichen „Programm für das Leben" in der modernen ayurvedischen Therapie eine herausragende Stellung zu. Deshalb möchte ich die Grundsätze hier ausführlich darstellen.

Vaya Sthapan® oder die Bewahrung des Alters ist ein Leitsatz der klassischen Rasayana-Therapie, die auf die biologische Verjüngung des menschlichen Organismus zielt. Hierbei geht es darum, Physis wie Psyche zu stärken und zu vitalisieren, unsere Leistungskraft zu optimieren, die Abwehrkräfte anzukurbeln und die ureigenen Reparaturmechanismen des Organismus zu aktivieren. Wie die moderne Gerontologie vertritt auch der Ayurveda die Auffassung, dass unser Alter nicht einfach nur genetisch festgelegt ist, sondern wir durch unseren Lebensstil sehr großen Einfluss auf die Art des Alterns nehmen können.

Vaya Sthapan® tritt für ein selbstbestimmtes, selbstverantwortliches Leben im Jetzt und im Morgen ein: Ob wir gesund oder krank sind, matt oder vital, optimistisch oder bedrückt, wird vor allem durch unsere individuell gewählte Lebensweise bedingt und diese bestimmt wiederum den Prozess und die Qualität des Älterwerdens, wie eine über 60 Jahre angelegte Studie der amerikanischen Harvard-Universität nachweisen konnte.

Leben bedeutet Altern, dies ist ein ganz natürlicher Vorgang. Doch je früher wir erkennen, dass gute Gesundheit immer unseren aktiven Beitrag erfordert, umso eher können wir damit beginnen, unnötigem Verschleiß und schädigenden Belastungen des Organismus entgegenzuwirken. Bereits im dritten und vierten Lebensjahrzehnt entsteht der Nährboden für viele spätere Krankheiten. Vaya Sthapan® hat zum Ziel, die Lebenskraft („Ojas") zur vollen Entfaltung zu bringen. Und zwar ganz natürlich und ohne Hormonzugaben!

Diagnose und Gesundheitsstatus beim Vaya Sthapan®

An Anfang eines jeden individuellen Vaya Sthapan®-Programms steht eine differenzierte Diagnostik. Dabei ist die enge interdisziplinäre Zusammenarbeit, die hier geleistet wird, besonders hervorzuheben: Ayurveda-Arzt, Kardiologe (Herz-Kreislauf-System), Sportmediziner (Muskel-Skelett-System), Dermatologe (Haut) und Gerontologe (Altersforscher) sammeln ihre spezifischen Daten und erstellen daraus dann gemeinsam ein Gesamtprofil des Patienten. Im Anschluss an die grundlegende Pulsdiagnose wird das biologische Alter auf zellularer, physiologischer und neuro-psychologischer Ebene bestimmt. Es ist durchaus möglich, dass das kalendarische Alter (Geburtsjahr), das subjektiv empfundene Alter und das biologische, aktuell messbare Alter weit auseinanderliegen.

Die Untersuchungen, die für den Patienten völlig belastungsfrei sind, erlauben die Erhebung von bis zu 100 Messwerten und Parametern. Dazu gehören zum Beispiel:

- freie Radikale, oxidativer Stress
- antioxidative Kapazität
- Hormon- und Immunstatus
- Herz-, Kreislauf- und Lungenfunktion
- Fett-, Eiweiß- und Kohlenhydratstoffwechsel
- Vitamin- und Mineralstatus
- Knochendichte
- Wirbelsäulen- und Gelenkstatus
- Muskelfunktion
- Hautelastizität
- Hörschwelle
- Reaktions-, Konzentrations- und Koordinationsfähigkeit

Basierend auf diesen Ergebnissen, aber auch unter Einbeziehung von Risikofaktoren und persönlichen Stärken und Schwächen, wird nun ein maßgeschneidertes therapeutisches Programm für den Patienten entwickelt. Sinn und Zweck ist die Reduktion des nachweisbaren biologischen Alters. Um dies zu erreichen, werden die innere Logistik und die Systematik des Vaya Sthapan®-Konzepts streng befolgt. Allerdings geschieht dies stets mit dem notwendigen individuellen Spielraum.

Ziel und Weg der Vaya Sthapan®-Therapie

Vaya Sthapan® wird als 12-Tage-Behandlung durchgeführt. Das Programm beginnt mit einer Entgiftungsphase, denn ohne die vorherige Reinigung des Körpers und des Geistes von negativen, teilweise toxischen Einflüssen kann die Therapie nicht efolgreich funktionieren. Schließlich nimmt der Organismus ständig Abfall- und Schadstoffe über Nahrung, Haut dig Abfall- und Atemwege auf, muss mit unvollständig verdauten und nicht ausreichend durch den Stoffwechsel verarbeiteten Speisen und Getränken fertig werden und hat darüber hinaus die tägliche Bildung und Entsorgung von 600 Milliarden Zellen zu bewältigen.

Es liegt auf der Hand, dass sich hier über die Jahre hinweg einiges an Schlacken ansammeln kann. Am Anfang steht also eine Panchkarma-Kur mit jeweils speziellen Anwendungen, unterstützend werden tägliche Yoga-Stunden angeboten. Das hochwirksame Entgiftungsverfahren klärt die Transport- und Kommunikationswege des Organismus. Die Salbungen und Güsse mit Öl binden die fettlöslichen Toxine, und die Synchronmassagen lösen sie aus dem Gewebe. Wärmebehandlungen und die sanfte Darmsanierung schwemmen die Gifte dann aus dem Körper hinaus. Erst jetzt können die aufbauenden Maßnahmen beginnen. Yoga entlastet das Nervensystem von der ungeheuren Reizflut, der wir heute permanent ausgesetzt sind. Experten glauben, dass inzwischen zwei Drittel aller Krankheiten in den Industrienationen direkt oder indirekt auf Stress zurückzuführen sind. Stress fördert die Bildung freier Radikale und beschleunigt damit den Prozess des biologischen Alterns. Mit Yoga entspannen Sie Körper und Geist, zusätzliche Atemübungen verstärken die wohltuende Wirkung. Ihre persönliche Stress-Resistenz wächst und das Absinken von DHEAS, dem als Altersmarker bekannten Hormon, wird verlangsamt.

Sobald Reinigung und Klärung abgeschlossen sind und der Organismus mit der Vitalisierung startet, werden Rasayanas beziehungsweise ayurvedische Tonika mit natürlichen Inhaltsstoffen zur Gewebestärkung verabreicht und ein von der Stoffwechselleistung abhängiges Ernährungstraining durchgeführt. Auf diese Weise lassen sich Verdauung und Stoffwechsel kräftigen und steigern. Hochwertige Mikronährstoffe (Vitamin- und Mineral-Supplementierung) unterstützen die Regeneration.

Weitere Besonderheiten der Vaya Sthapan®-Therapie sind die individuell abgestimmten Bewegungsprogramme und die Vermittlung von Techniken zur Verbesserung der kognitiven Leistung. Bereits die ältesten ayurvedischen Texte betonen die positiven Auswirkungen regelmäßiger körperlicher Bewegung.

Das Training sollte jedoch immer auf den Grad der individuellen Fitness abgestimmt sein und den Praktizierenden keinesfalls überfordern. Sehr geeignet ist maßvolle sportliche Betätigung im aeroben Bereich, eventuell ergänzt durch kardiobetonte Anreize zur Ankurbelung der Herz-Kreislauf-Rate und sanften Steigerung der Ausdauerleistung. Bei dieser Form steht den Körperzellen ausreichend Sauerstoff für Ihre Stoffwechselvorgänge zur Verfügung.

Wo für den Einzelnen die persönliche Belastungsschwelle liegt, kann entweder mithilfe einer Pulsuhr oder durch einen erfahrenen Sportmediziner oder Personal Trainer bestimmt werden. Durch das Training kann nachhaltig die Kondition,

Kraft und Beweglichkeit verbessert werden.

Da das körperliche Wohlergehen nicht von seelischen und geistigen Phänomenen zu trennen ist, muss sich unsere „fluide Intelligenz“ stets frei entfalten und weiterentwickeln können. Unsere Talente und Fertigkeiten, unser Wissen und unsere persönlichen Interessen, eine schnelle Reaktionsfähigkeit, ein großes Konzentrationsvermögen und eine zuverlässige Koordination – all das möchten wir natürlich bis ins hohe Alter bewahren. Mit einem spielerisch angelegten Training, dass Spaß macht, werden die kognitiven Fähigkeiten systematisch gefördert und ausgebaut – so bleiben Sie jung, geistig rege und aktiv!

Reinigende und entspannende Dampfbäder und vieles mehr sorgen nicht nur für optimales Hautgefühl, sondern sogar für ein regelrechtes Bio-Lifting! Darüber hinaus gibt es Workshops, Vorträge und intensive Einzelgespräche mit den betreuenden Ärzten.

Das erfrischende Motto des Vaya Sthapan®-Programms lautet: „Es kommt nicht darauf an, dass wir älter werden, sondern wie jung wir uns dabei fühlen!“ Aber ein Gesundheitskonzept unter Kurbedingungen zu leben ist die eine Sache, es im „normalen Leben“ beizubehalten eine ganz andere. Vaya Sthapan® zeichnet sich nicht zuletzt durch die Nachbetreuung aus. So bekommen Sie zum Beispiel Ihr persönliches Handbuch voller nützlicher Tipps und Anweisungen mit auf den Weg.

Die wissenschaftliche Untersuchung zu Vaya Sthapan®

Zur Überprüfung möglicher Effekte von Vaya Sthapan® auf schulmedizinische und ayurvedische Aspekte körperlicher und geistiger Gesundheit, wurde das Programm unter der Leitung des Gerontologischen Instituts der Universität Heidelberg wissenschaftlich untersucht. Bei jedem Teilnehmer wurde am Tag nach der Anreise und vor der Abreise eine umfangreiche Statusdiagnostik durchgeführt. Aus dermatologischer, kardiologischer, sportmedizinischer, psychologischer und ayurvedischer Perspektive erfolgten Einzeluntersuchungen durch die Ärzte. Die gemessenen Daten wurden in einem Gesamtbild zusammengefügt und interpretiert.

Für die wissenschaftliche Untersuchung wurden die Daten all jener Personen

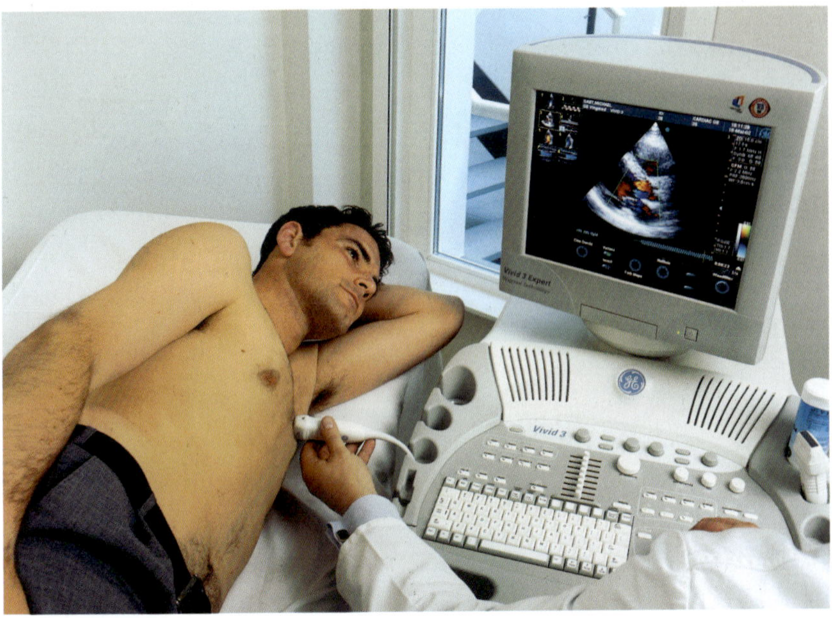

genutzt, die im Zeitraum von Januar 2003 bis Juli 2004 das Vaya Sthapan®-Programm absolviert hatten. Dabei handelt es sich um insgesamt 46 Personen, 27 Frauen und 19 Männer. Das Durchschnittsalter lag bei 54,5 Jahren, die jüngste Person war zum Zeitpunkt ihres Aufenthalts 30, die älteste 80 Jahre alt. Die signifikantesten Ergebnisse waren:

Im Bereich psychologischer Diagnostik und kognitiver Leistungsfähigkeit

In Zeiten immer stärkerer geistiger Belastung durch Beruf und erhöhter Reizzufuhr aus der Umwelt ist eine hohe kognitive Leistungsfähigkeit erstrebenswert. Denn nur so ist eine bis ins hohe Alter reichende Ausübung unserer

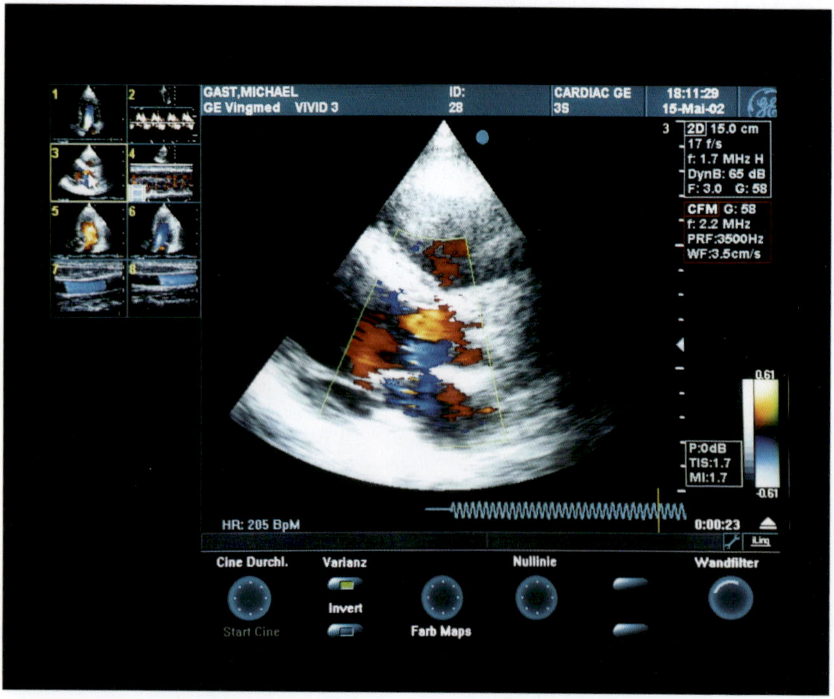

Fähigkeiten, Interessen und Talente möglich. Die im Vaya Sthapan®-Programm durchgeführten Trainings vermitteln den Teilnehmern Techniken und Strategien, die der Erhaltung dieser kognitiven Leistungsfähigkeiten dienen. Die Ergebnisse der kognitiven Diagnostik zeigen nach der Teilnahme am Vaya Sthapan®-Programm eine deutlich verbesserte allgemeine Konzentrationsfähigkeit, eine höhere Präzision und Geschwindigkeit der Informationsverarbeitung bei gleichzeitig größerer Ausdauer sowie eine effizientere Nutzung des Arbeitsgedächtnisses bei visuellen Merkaufgaben.

Im Bereich Kardiologie und Labormedizin

Herz-Kreislauf-Erkrankungen gelten in den Industrieländern als eine der häufigsten Erkrankungen mit Todesfolge. Längst sind Schlaganfälle, Herzinfarkte und erhöhte Cholesterinspiegel keine Krankheiten mehr, die nur ältere Menschen treffen. Im Gegenteil – durch Bewegungsmangel, Rauchen, falsche Ernährung, erhöhten Alkoholkonsum und erbliche Vorbelastung sind auch immer mehr jüngere Menschen betroffen. Die Untersuchungsergebnisse im Bereich der kardiovaskulären Risikofaktoren sprechen für sich. Durch Teilnahme am Vaya Sthapan®-Programm können entsprechende Risikofaktoren deutlich reduziert und normalisiert werden. Es war durchgehend eine Optimierung des Cholesterinspiegels sowie die Senkung bestimmter Blutfette (Triglyzeride und Lipoprotein (a)) feststellbar. Dies bedeutet eine deutliche Senkung des Herzinfarkt- oder Schlaganfallrisikos. Besonders bemerkenswert ist die bei allen Teilnehmern des Programms durchgehende Senkung des Lipoprotein (a): als bisher kaum beeinflussbar, da genetisch festgelegt, gilt es als stärkster kardiovaskulärer Riskofaktor.

Im Bereich der Stressdiagnostik

Chronischer Stress kann wichtige Körperfunktionen wie z. B. das Immunsystem, das Herz-Kreislauf-System und die Verdauung beeinträchtigen. Die Infektionsbereitschaft durch Schwächung des Immunsystems steigt, die Tumorabwehrkraft sinkt, Herz und Kreislauf werden in Mitleidenschaft gezogen, Stoffwechsel- und Verdauungssystem leiden, der gesamte Körper verliert sein Gleichgewicht. Die im Vaya Sthapan®-Programm durchgeführten ayurvedischen Anwendungen, das individuelle Bewegungsprogramm und Stressmanagement-Strategien steuern diesem Prozess entgegen: So konnten untersuchte hormonelle Stressmarker wie z. B. der Noradrenalin-/Adrenalin-Quotient in den Normbereich gesenkt werden. Adrenalin und Noradrenalin sind Botenstoffe, die im Nebennierenmark und den sympathischen Nervenzellen gebildet werden. Sie werden unter psychischem oder körperlichem Stress freigesetzt. Negative Effekte einer Konzentration außerhalb des Normbereichs sind Bluthochdruck, Herzrhythmusstörungen, Angina-Pectoris-Anfälle oder Angstzustände.

Zusammenfassende Beurteilung des Vaya Sthapan®-Programms

Erstmalig wurde ein ayurvedisches Programm unter sehr hohem organisatorischem und finanziellen Aufwand eineinhalb Jahre lang wissenschaftlich untersucht.

Insgesamt sind über 120 Parameter aus den Bereichen Ayurveda, Labormedizin, Gerontologie, Sportmedizin, Kardiologie und Dermatologie bestimmt und interpretiert worden. Das Zusammenspiel der spezifischen Programmbausteine konnte durch die Untersuchung in seiner positiven Wirksamkeit bestätigt werden.

Durch den deutlichen Rückgang der Blutfette, sowie die Eliminierung von oxidativen Stressfaktoren und Krankheitserregern, welche das Immunsystem erheblich belasten und nicht zuletzt durch die Abnahme von psychischem und physischem Stress wird die Idee von Vaya Sthapan® – „Bewahre dein Alter" – ihrem Namen gerecht und schafft so eine wichtige Grundlage für ein längeres, gesünderes Leben.

Die Perspektive: Mehr Ausstrahlung und positive Energie

Ayurveda kann auch für Sie eine Menge tun! Erhalten Sie sich durch Ihre täglichen ayurvedischen Rituale den Zugriff auf Ihre Energiepotenziale. Achten Sie auf gesunde, vollwertige Ernährung, die Ihrem Konstitutionstyp förderlich ist, schlafen Sie ausreichend und leben Sie Ihr Leben im Einklang mit den Rhythmen der Natur und den Jahreszeiten. Fühlen Sie sich frei, an perfekte Gesundheit zu glauben und diese als Ihr selbstverständliches Geburtsrecht anzusehen. Integrieren Sie einfach die ayurvedischen Anregungen für ein langes Leben in Ihren Alltag und praktizieren Sie positives Denken, Mitgefühl und Hingabe an Schönheit. Lassen Sie sich nicht durch Stress und negative Einflüsse von den wirklich wesentlichen Lebenszielen abbringen. Behalten Sie immer den tiefen Kontakt zu sich selbst. Leben Sie einfach Ihre Sehnsucht – die Kraft, die das gesamte Universum bewegt!

Anhang

Adressen

Seminare/Workshops/Ausbildung
Yoga, Entspannung, Meditation,
Gesundheit
www.energyzone.de
info@energyzone.de
(Christa G. Traczinski/Robert S. Polster)

Parkschlösschen Bad Wildstein
(5-Sterne-Status)
Ayurveda-Kuren
Wildbadstr. 201,
D-56841 Traben-Trarbach
www.parkschloesschen.de
info@parkschloesschen.de
Tel.: 06541/70 50

Lawrence Hill Paradise (Sri Lanka)
Ayurveda-Zentrum
www.aytour.de
Tel.: 08151/91 11 93

Online-Shop und Tipps

www.ayurveda-produkte.de
Tel.: 02432/24 94

Videos

Power-Yoga – Time to change / Basic and Advanced, polyband, 2000

Danksagung

Dem Parkschlösschen-Team sei großer Dank ausgesprochen, besonders für die geduldigen Auskünfte, die großzügige Unterstützung dieses Projekts mit Fotomaterialien und für die Interviews vor Ort sowie die zahlreichen Forschungsergebnisse zum Vaya Sthapan®-Programm!

Bildnachweis

Parkschlösschen
Lothar M. Peter

Glossar

A

Abhyanga
sanfte tägliche Ölmassage

Achara Rasayana
positives Verhalten, das wie ein Heilmittel wirkt

Agni
das menschliche Verdauungsfeuer; Stoffwechselaktivität oder „Lebensflamme“ des Menschen

Ahara
ayurvedische Essensregeln

Ama
Stoffwechselschlacken und toxische Zellablagerungen;
geistiges Ama: negative Gedanken, Ängste, unterdrückte Emotionen etc.

Amrit Kalash
antioxidatives, nährstoffreiches Rasayana

Anupanam
Träger für Heilstoffe ayurvedischer Präparate, die deren Wirkung intensivieren; häufig verwendete Anupanams: Honig und Milch

Asana
Körperpositionen beim Yoga

Ashtanga
sanskrit für „der achtfache Pfad“; ein philosophisches System für inneres Wachstum

B

Basti

Einläufe mit reinigender oder stärkender Wirkung

C

Chai (Yogi Tee)

Gewürztee mit Kardamon, Nelken, Zimt etc. (kein Schwarztee!)

Churnas

Mixturen aus pflanzlichen und mineralischen pulverisierten Wirkstoffen, die bei bestimmten Dosha-Störungen und deren Regulierung zum Einsatz kommen

D

Dhatu

Körpergewebe

Dosha

die konstitutionsregulierenden Kräfte Vata, Pitta und Kapha, die in unterschiedlicher Intensität in jedem Menschen wirken

Dinacharya

ayurvedischer Tagesablauf bzw. Regeln für den Tag

G

Ghandarva-Veda

altindische Musik als ayurvedische Therapie

Ghee

zerlassenes Butterfett mit Vitamin A, E, Kalzium, Kalium, Phosphor, Magnesium, Eisen u. a. Ein natürliches Rasayana, das den Gewebestoffwechsel unterstützt und die Abwehrkräfte stärkt. Vor allem fördert Ghee die innere Entgiftung und Ausleitung fettlöslicher Gifte aus dem Körpergewebe. Beim Dünsten von Speisen erhält es die Vitamine der Nahrungsmittel, schützt die Zellen und neutralisiert freie Radikale.; im Rahmen der Panchakarma-Kur: wertvolle Hilfe zum Ausleiten von Amalganrückständen im Körper

Ghritas

Zubereitungen von Ghee und medizinischen Heilkräutern, die innerlich oder äußerlich angewendet werden

Gulikas

auch Guti genannt; Pillen aus pflanzlichen und mineralischen Wirkstoffen zur Unterstützung von Heilprozessen im Körper

Guna

physikalische Eigenschaften (kalt, warm, trocken etc.)

K

Kalkas

pflanzliche Pasten mit natürlichen Zusätzen von Gewürzen, die auf die Haut aufgetragen werden

Kapha

Dosha, das den Elementen Wasser und Erde entspringt; es beeinflusst die individuelle Körperstruktur, Stärke, Ausdauer etc.

Kvatha

Abkochungen bzw. Aufgüsse von Heilkräutern und Gewürzen (neben dem üblichen Überbrühen und kurzem Ziehenlassen der Kvathas erhält man durch stundenlanges Stehenlassen ebenfalls intensiv wirksame kalte Auszüge bzw. Heilextrakte)

L

Lassi

indisches Joghurtgetränk

M

Marma
aktivierbare Hautpunkte, die Materie und Bewusstsein verbinden

N

Nasya
innerhalb der Panchakarma-Kur die Anwendung von kräuterhaltigen Nasenspülungen

O

Ojas
feinstoffliches Stoffwechselprodukt, das bei der Verdauung entsteht

P

Panchakarma
ayurvedische Reinigungskur, mit der die Doshas ins Gleichgewicht gebracht und Toxine aus dem Körper geleitet werden

Pitta
Dosha, das sich aus dem Element Feuer herleitet und für den Wärmehaushalt des Körpers sowie für Stoffwechsel und Verdauung verantwortlich ist

Pizzichilli
Ganzkörper-Synchronmassage mit Ölen

Pranayama
spezielle Atemtechnik zur Förderung von Ausgeglichenheit, Ruhe, etc.

R

Ragas
Melodien der Ghandarva-Veda-Musik

Rasayanas
dienen der Vorbeugung von Krankheiten und zur Regeneration der Körperzellen. Sie sind komplexe Verbindungen von Kräutern und Mineralien und werden aufwendig zubereitet; bekanntes Rasayana: Amrit Kalash, eine der Jung-

erhaltung der Zellen dienliche Nahrungsergänzung nach alter Rezeptur (s.o.)

S

Srota

Körperkanäle wie Bronchien, Magen-Darm-, Blut- und Lymphsysteme, Kapillaren und Transportwege in den Zellen

Suryanamaskar

„Der Sonnengruß" bzw. eine spezielle yogische Körperübung mit Sequenzcharakter

T

Taila

Öle mit Heilkräutern, die in den ayurvedischen Behandlungen, z. B. der Panchakarma-Kur, eine wichtige Rolle spielen

U

Udvarthana

Simultan-Massagetechnik mit Öl und ggf. Getreidepaste

V

Vata

dominantes Dosha, das sich aus den Elementen Luft und Raum ableitet; steht für Bewegung und Wachstumssteuerung

Veden

älteste indische Schriften über Kultur, Gesundheit, Philosophie, Baukunst etc.

Y

Yoga

körperliches und auch geistiges Übungssystem

Die Autorin

Christa G. Traczinski

Psychologin, Therapeutin und „Wohlfühl-Expertin“, lebt nach Stationen in Spanien und den USA heute in Berlin.

Christa G. Traczinski entwickelt innovative Konzepte für Wellness und Lifestyle, die sie über ihr Service-Unternehmen „energyzone“ anbietet. Aus ihrer Arbeit sind zahlreiche Bücher, Videos, TV-Produktionen und Beiträge für Radio und Printmagazine hervorgegangen.

Gemeinsam mit Robert S. Polster gibt sie Yoga-Kurse und lehrt verschiedene Wellness- und Entspannungstechniken sowie Therapieformen wie Gestalt und Psychodrama.